元国分寺市長
山崎眞秀

自立した自治体は可能か

憲法学者市長の挑戦と挫折

花伝社

はじめに

二〇〇一（平成一三）年六月二四日、再選をめざして挑んだ国分寺市長選挙で、私は一万七一九〇票対一万六七九〇票、その差わずか四〇〇票という僅差で目的を達することができなかった。一期四年を務めて、ようやく自治体首長という職務の何たるかが理解できるようになり、それに伴って、市民のなかに新たな支持と期待が広がりはじめたことが実感できるようになりつつあった。そして、二期目こそは、より広範な市民の方々の福祉に取り組まなければならないと思っていた。そういう責任を果たしえないまま退任しなければならなくなり、選挙後は、市民の方がたへの申し訳なさに、さいなまれつづけていた。

退任後、私は大きな病気が見つかり、その手術・治療と療養のために、何らかの意味で現職として戦線復帰をすることは、事実上ありえなくなった。そうなると、市長の四年間に見聞きした貴重な経験を、歴史への証言として残す責任があるのではないかと、いっそう痛切に感じるようになった。地方自治というのは、第九条の平和条項とならんで、日本ではいまの憲法ではじめて新たに取り入れられた考え方で、大事にしていかなければならないものだ。私は四〇年近く教職につき、憲法研究者として生きてきたわけで、この地方自治体の長として経験してきたことを、今後、地方自治に関心をもち、またその行政や政治にかかわってゆく方々に、地方自治の問題を考える素材として残したいと思う。それが、これから先の時代に自立した市民社会と地方自治を作っていこうと考える方たちに、いささかでも参考になれば、こんなにうれしいことはない。その可能性を信じて、証言として残しておく。

私は、就任当初から、「市民への情報公開と市民参画を基本にして、市民本位の市政づくり、憲法と地方自治法の理念とあり方を市政のすみずみにまで生かす自治体づくり」という方針を貫いてきたつもりだ。しかし、熱意があればそれで政治が変わるというものではない。現実に政治を変えていくためには、さまざまな壁があった。もちろん私自身の不慣れや行政経験のなさもあったが、野党議員や一部の職員の面従腹背、そうしたことに対する与党議員の無関心、市民運動家と称する人間の自己中心的な行動なども、市民のための市政の足を引っ張る作用をした。政治を変えるには、やはり時間がかかる。市役所でいえば、市長の思いをわかってくれる職員がでてくるまでに一年はかかる。そういう職員が徐々に増えていって、初めて、市政というものが、ゆっくりとではあるが回りだすのだ。

本書では、市長として在任した四年間、つまり一九九七（平成九）年七月一三日から二〇〇一（平成一三）年七月一二日までの、地方行政の現場で体験したことを素材として提供したものである。しかし、これは、たんなる回顧録ではない。これからの地方自治は、市民参画で作っていく。そのための材料を、失敗もふくめて提供したつもりだ。この本に書かれているようなことは、おそらく他の本には出てこないだろうと思う。いまの行政や議会でやられていることは、市民の目には見えにくいことがいろいろある。そうしたことを知ってほしい。また、ちょっとしたことが、時として、おかれた状況のなかでは大きな影響を及ぼしてしまうこともある。そういうことにも気づいてほしい。同時に、気をつけていれば、政治を変えるチャンスは、身の回りにいろいろあるのだということも、市民の方々には知っていただきたい。

私は、大学を退官してから市長になるまで、「国分寺・市民憲法教室」という私塾を開いてきたが、そこでつねに言ってきたことは、自分の目で見、自分の頭で考え、自分なりに責任の持てる判断ができる、自立した市民になってほしい、ということだ。この本を、地方自治の現場で、住民本位の地方行政と市民運動をすすめておられる方々に、また、そうした地方自治(体)を創っていこうと考え、努力している方々に、いささかなりと参考にしていただき、ほんとうの意味での自立した市民が生まれ、自立した市民運動が広がってくることを願っている。

目次

序章　革新市政の当事者になるまで

一九九七（平成九）年五月五日、国分寺市内のひかりプラザ（市立教育センター）で行われた「変えよう国分寺市民の会」（以下、「変える会」と略称）の世話人会の席で、事情が生じ、はからずも二カ月後に迫った七月の市長選の候補者に、私がなることが決まった。

「非力ですが、いっさいの私心を捨ててがんばります」。たしか、そういう意味のことを述べて、会の推薦を受諾した。むろん、万が一にも当選する可能性などあるはずがないと思ったが、誰も立たなければ、無投票でそれまでの本多良雄市長が五選されてしまう。そういう結果だけは避けなければならないという、ただそれだけの思いであったというのが、正直なところであった。世話人の方たちも、同じ思いだったのではないだろうか。

そのようなことになったいきさつは、それまで何回かの世話人会の協議で、候補者として決め、ご本人の了承も得ていた人が、前日になって、「一身上の都合で、どうしてもお受けできない」と辞退してこられたからであった。

急遽どうするか協議した結果、出した結論が、私にということであった。それでも、いきなり即答できる性質の話ではなかった。「若干考える時間をおいていただきたいが、いつまでに最終的なご返事をしたらよいだろうか」という私の質問に、「変える会」が示した答は、「明日まで」であった。〝そんな無茶な〟と思いつつ、「わかりました」と答えたのを覚えている。

翌日、家族の考えもきき、親しい友人の意見も二、三きいてみた上でという〝留保条件〟をつけながらも、私が推薦を受諾したのは、次のようなつきつめた思いに迫られていたからであった。

① 五選を狙う保守市政に、何らなすすべなく、これを黙認してよいのか。
② これまで憲法研究者として、学生たちや地域の方たちに、憲法と地方自治の理念や定めを説き、〝自立した市民・自立した自治体〟の必要を語ってきた者として、できるなら、それを実践の場で検証し、定着させたい。
③ かりに市民の方々の賛同が得られずに敗れたとしても、もともとではないか。とにかく多くの市民に問いかけたい。

こうした思いが、「変える会」の要請に応えなくてよいものか、という責任感になっていったのである。

それにしても、家族の理解と同意は欠くことができない。私は、妻とともに、三人の子どもたち、すでに独立していた長女と長男、盛岡で学生生活を送っていた次男をも呼び集めて、家族会議を開いた。予想したとおり、妻も子どもたちも一人残らず〝賛成できない〟であった。〝お父さんには学究生活こそふさわしい。政治の場は似つかわしくない〟というのが、その理由であった。けれども、長男は、「お父さんの性格からいって、信頼されて頼まれたら、否とは言えないだろう。受けざるをえないのではないか。そうしたときに、家族全員絶対反対では、お父さんも、立つ瀬がないだろう。俺は、お父さんが政治の場にふさわしいとは思わないけれど、どうしても立候補するというのなら、お父さんの心情と立場は理解する」と言ってくれた。救われた思いであった。これで立候補には、いささかのためらいもなくなった。

こうして、生まれて初めて候補者として市長選挙にかかわることになった。けれども、これからの毎日はとまどいと苦労の連続であった。なにしろはっきりしているのは、目的と理念だけ。公約はどうするのか、選挙のための組織はどう作るのか、さまざまな役割分担や手続きはどうするのか、私を推薦する共産党と新社会党と「変える会」の三者相互の関係調整と、政策協定はどうするのか、さまざまな立場にいる多くの市民の方々に、私たちの考え方をどう訴えてゆくのか等々、むずかしい問題が山積していた。

幸い、そうした方針や組織に関する煩雑な手続きは、選挙を何回も経験している政党や「変える会」の中心メンバーの方々が、適切に処理してくれた。いちばん心配した選挙運動にかかる経費も、市民団体や労働組合などの支援団体が、献身的に協力して支えてくれたし、全国各地の私の先輩、元同僚、後輩、教え子たちが、私のアッピールに応えて、じつに広範に激励やカンパを寄せてくれた。選挙事務所もJR国分寺駅のほど近く、目抜き道路のビルの二階に確保された。

こうして、いよいよ選挙戦に突入したのである。

はじめて立った選挙運動は、緊張と面映ゆさの連続であった。幅広の大きなタスキと真白な手袋をするのには抵抗があった。見ず知らずの人に〝笑顔〟で手を振るのにも、ためらいを感じた。クルマの助手席から手を振りながら、「山崎です。お願いします」と言うのにも、慣れるのに時間がかかった。国分寺駅前広場で、はじめて宣伝車の屋根に上ってマイクを握る時には、もたついて、同行の市議から「先生、ここまで来たら、肚をくくってください!」と、どやされもした。

とりわけ嫌だったというよりか、空しさを感じたのは、朝夕、多くの市民が利用する四つの駅(JR国分寺駅、西国分寺駅、国立駅北口、西武線恋ヶ窪駅)に立って、「お願いしまーす」と言いながら、乗降客にチラシを配る〝朝立ち〟と〝夕立ち〟であった。大部分の乗降客は急ぎ足で無視して通り過ぎる。チラっと目を向けてもすぐに〝私には関係ない〟と言わんばかりに通過して、チラシは受け取らない。わざと私たちの前を遠まわりしたり、小走りに走って通り過ぎてゆく人もまれではない。一方では無理もないなと思いながら、他方では「この人たち、何を考えているんだよ」と身勝手に思いながら、それでも根気よく、「市長候補の山崎です。お願いします」と言いながら、チラシを手渡そうとくり返す。それだけに、たまにチラシを受け取って、一瞬でもそれに目をやってくれる人がいたり、「ご苦労さま、がんばって！」と声をかけてくれる人がいると、ほっとして〝がんばらなくちゃ〟と思い、呼びかけとチラシ配りに力を込める。そんなことのくり返しであった。とにかく、疲れと空しさをどうすることもできなかった。

この〝朝立ち〟〝夕立ち〟で痛感したことは、かくも有権者が関心を向けなくなっているのには、これまでの選挙のあり方、政治活動のあり方に問題があったからではないか、そして、こうした選挙活動のやり方を規定している公職選挙法にも問題があるのではないか、ということであった。

しかし、事前準備の諸活動、特にクルマで市内諸地域をまわっての遊説は、尻上がりに熱がこもってきた。もともと教職についていて、学生たちに講義をするのが仕事だったせいか、市政の現状を、私なりにわかりやすく説き明かしながら、市民の方々に訴えるというのは、けっして苦痛な仕事ではなかった。それどころか、団地などでマイクを握って訴えていると、若い奥さんやお年寄りが、一人、二人と、ベランダに出てきて、聞いてくれる人が増えてくる。そうすると、思わず熱が入って、時間を超過してしまうことも、一度や二度ではなかった。選対の市議から、「一カ所五分。長くても七分。そうでないと全市域まわりきれなくなる」と苦情を言われ、「わかりました」と答えるのだが、やはり、ついつい長くなってしまうのだった。聞いてくれる人に、どうしてそうなのか、それをどうしようと思うのか、説明して理解してもらわなければ何にもならないではないかという思いが、私には根強くあった。つい長引いてしまって、終ってから謝る、というくり返しであった。選挙演説のあり方というのも、一考してみる必要があるのではないかというのが、率直な感想である。

よく、人から「手応えはどうか」ときかれたが、なにぶんにも初めての体験なので、あるともないとも言えず、「わからないが、とにかく訴えるだけです」と言って通したが、日を追うに従って、立ち止まって耳を傾けてくれる人が多くなってきたし、クルマで市内を回っていると、対向車から手を振ってくれる人や、われわれのクルマを追越しながら、窓から手を出して振ってくれるクルマが、日ごとに多くなってきた。今からふり返れば、あれが手応えというものではなかっただろうか。

それから、駅前広場で訴えたとき、手話通訳の女性がついてくれたり、最終日に、国分寺駅北口から、南口広場にかけて、おおぜいの「変える会」の人たちと、ハンドマイクを使いながら、パレードをしたことも、かなりの影響があったようだ。

終盤になると、さすがに、握手をしてまわるのも、さして抵抗を感じることもなくなり、「お願いします！」「がんばります！」という言葉も、すっと出るようになった。こうして、嵐のような一カ月あまりが過ぎて、選挙運動は終った。

かくて七月六日の投票日を迎えた。この日は、久しぶりにゆっくり起きて、昼前、妻といっしょに投票所に行き、投票を済ませた。父親がはじめて選挙に出るというので、次男が上京し、前日の選挙運動最終日には、終始同行して、要所要所で写真を撮ってくれていたが、この日も投票所までついてきてくれていた。

夜、開票が始まる。しかし、連絡があるまでは自宅で待機していてくれとのことなので、自宅で過ごしていた。当選の可能性はまずないだろうが、相手候補にどれだけ迫れるか、が、焦点ときかされていた。ところが、一〇時はおろか、一一時を過ぎても連絡は来ない。〝いい線まで行っているのかな〟と、しだいに気をもみだした頃、午前零時ぐらいだったろうか、開票所から電話が入り、「当確だ！　すぐ事務所へ」という連絡が入った。信じられなかった。聞き返したが、「本当だ。すぐに来てほしい」という。ほどなく選対の女性議員と運転手役の選対メンバーが迎えに来てくれ、事務所に赴いた。事務所は割れんばかりの拍手と握手攻めで熱気に溢れていた。新聞記者のインタビューと仲間たちのボルテージの上ったスピーチで、明け方まで時のたつのを忘れた。今さらのように責任感と感慨で、胸がいっぱいであった。

三日ほど後、市役所から企画財政部長と秘書課長が受け入れ態勢づくりの連絡・準備のために訪ねてこられた。型どおりのお祝いのあいさつの後、まず聞かれたことは、「どなたかブレーンの方がいらっしゃいますか」ということであった。正直なところ、「変える会」の仲間たち以外に、特定のブレーンなどいないので、どういう意味かわからず、「別にいませんが……」と答え、その話はそれで終った。後からきいたところでは、二代前の市長（社会党）が当選した時は、総評から三人の幹部を市役所に連れてこられたので、私にもそういう人がいるのではないか、と考えたようだ。

この日、二人はたいへん苦渋にみちた顔をしていた。無理もない。共産党が推す人間が当選するなどとは思ってもみなかったであろうから、どう対応してよいか判断がつきかねたのであろう。

しかし、そんなことよりも、どうにも理解できず、かつ残念だったのは、私が就任する前に、助役が早々と辞職してしまった、ということであった。行政に未経験の私としては、市民のためにしばらくはその任に留まって、何らかの助力をしてくれることを期待したのだが、そうした期待がかなわなかったのは、たいへん残念であった。

ともあれ、こうして、一九九七（平成九）年七月一四日、初登庁の日を迎え、市長としての第一歩を踏み出した。

第一章　毎日が新しいこと、毎日が知らなかったことばかり

――素人市長、市役所生活の日々――

一九九七（平成九）年七月一四日、月曜日。初登庁の日である。迎えの車が来て、はじめて市役所に向かう。前のバス通りを回ったところで、市役所入口から玄関にかけて、黒山のような市民や、相当数の職員が両側に並んでいるのが、目に入った。覚悟していたことだが、緊張で身が引き締まる。車を降りると、秘書課の女性職員だろうか、大きな花束を手渡され、いっせいに拍手が起こった。二階の市長室に入り、はじめて市長の椅子に座る。あらためて緊張する。

さっそく三階の会議室での記者会見にのぞんだ。あらかじめ同行してくれた「変える会」の人から、「山崎さん、慎重に答えてくださいよ。よけいなことは言わないように」と、クギをさされていたこともあって、慎重に答えたのだが、あとから記者団の方たちから、市長があんまり抱負を語ってくれなかった、期待はずれだったという不満が出ていると聞いた。やはり我流で応対すればよかったと反省する。

市長決裁の多さとその責任の重さ

所定の挨拶まわりをすませた後、まず始めの仕事は、各部課長から、順次、所管業務の内容説明を聞くことだった。はじめて行政の実体を聞いて、あらためて自治体行政の幅の広さと、奥行きの深さを知る。しかし、都市再開発の法と仕組みとその経過、国民健康保険の法と仕組みなど、一回の説明では、とうてい理解するのがむずかしい問題が、数多くあった。市の職員から市長になった人間ならいざしらず、外の世界から入っていった私にとって、専門用語による説明は、きつかった。説明が終わったあとで、何かご質問は、と問われると、はじめから全部聞きなおしたいと思うこともある。とりわけ、片仮名表記の外来語の多い福祉行政の施設や制度、手続きの多様さと複雑さ、それから、民生委員など他の制度と市の組織とのかかわりは、わかりにくい。

こうした説明で、はじめて市の窓口を訪れる市民の方々、とりわけ高齢者などに、ほんとうによく理解されるのだろうかと、不安になってしまう。市長として、克服すべき課題だなと感じた最初であった。

市長としての日常の業務が始まると、最終責任者としての、市長決裁の多さと責任の重さを痛感させられる毎日であった。市長の机の上には、「未決」の箱と「既決」の箱があって、日によってちがうけれども、毎朝、「未決」の箱の上に、市長の決裁を待つ書類が二、三十ほど積まれている。大部分の決裁は、担当者のレベルで適切に処理した上で、市長のところに回ってくるのだろうが、なかには私の未経験のゆえか、あるいは一人のブレーンももたずに就任したためか、あとで後悔することがあった。

たとえば、その年の一一月だったと思うが、環境激変の神経疲れで、一週間あまり、日赤に入院するハメになったときのことである。原則的に面会謝絶にしたけれども、役所の各担当が持ってくる決裁は例外とした。そのうちのひとつに、一二月議会に上程する補正予算案があった。そのなかに、空席になっている助役の三月までの給与分を減額補正する案があったのに、私はその重要性に気づかずに、決裁の判を押してしまったのである。

後に、このことで、反市長派の司令塔的存在である野党議員から、追及を受けることになってしまう。「市長は、もう助役は置かないつもりなのか」という質問があったので、「とんでもない、いい人がいたら、ぜひ選任したいと思います」と答えたら、「しかし、市長は自分で、三月までの助役の給与分を、一二月の補正予算案で、減額しているではないか。市長も知っている通り、予算案というのは、市長の政策の財政的な表現になる。自分で減額しているんだから、助役は置かないつもりだというのではないのか」と言う。そのときになって、そうだったのか、しまった、と思い知らされたのだった。

財政の専門家である友人から聞いた話では、財政を扱う者は、最後のギリギリのところでしか減額をしないのが常識であり、マナーである。それを、早々と、年度も変わっていない一二月の段階で減額補正をして、市長に判を押させるというのは、常識として考えられない。もし本人がやったのならよほどの悪者だが、たぶん誰かから入れ知恵があってそうしたんだろうということであった。のちに、私が退職してから、元職員の一人からそのようなことがあったことを聞かされた。

その失敗があってからは、決裁のときには秘書課長が脇について、簡単な説明をしてくれるのを聞いた上で、判を押すようにした。二年目に替わった新しい秘書課長は、懇切丁寧に、わからないところは担当も呼んできて、自分も質問しながら、私に説明させるようにしてくれた。それで、失敗しないようにはなったが、判を押すのにはほんとうに神経質になった。一度押した以上、言い訳はきかない。決裁、印鑑の重さというものを痛切に感じた。

こうした決裁の制度は、改めなければいけないところがあるのではないだろうか。重大な制度上のミスがあった場合には、担当者も責任を同等に負うように変えなければいけないのではないかと思っている。

それにしても、そうした財政や予算の扱い方など、市政のポイントについて、助言してくれる人がほしかったが、もっぱら自分で経験、勉強していくしかなかった。

議会は公約の追及、市長と与党の関係の追及に終始する

議会というものは、私にとっては、体験するのが初めての世界だった。市議会は、通常は三月、六月、九月、一二月と、年に四回開かれる。七月に市長になった私にとって、九月議会が、はじめての議会だった。年度途中での就任なので、九月議会はまず市長の所信表明から始まった。本

会議はまずは波風なく過ぎたが、委員会になると、やおら、公約についての追及が始まった。

これを皮切りに最初の一年ぐらいは、私に対する追及は、ほとんど二つの点に絞られていたといってもいい。ひとつは、公約についての追及。もうひとつは、市長と与党との関係についてだった。当然のことながら、議会では、共産党推薦の市長だとして、皆かたずをのんで見ている。だから、野党もそれを意識して、そういう攻め方をしてくるわけだ。与党は、共産党五人、新社会党一人と無所属一人で、市議会議員二八人中七人という絶対的な少数与党であった。

公約というのは、選挙期間中に配布したチラシ（法定一号ビラ、法定二号ビラ）に書いてある、こうする、こうしない、という、じつに多岐にわたる具体的な項目のことだ。その現物を、議会にもってきて、一項目ずつ、逐一、公約ではないか、公約なのにそういう答弁でいいのか、と追及するのだが、こういう状態が、かれこれ二年近く続くことになる。たとえば、公約には、新たな市民負担はしないとあると、下水道料金に消費税をのせるのは市民負担ではないか、公約違反ではないかと、追及が始まる。しかし、実際に政策を実行する段階になると、かなりむずかしいこともいっぱいあって、当然、返答に詰まる。すると、言っていることとやっていることがちがうではないか、と、こう来る。これは、市長のビラだろうと言われたら、ちがいますとは言えない。べつにまちがったことは書いていないけれども、公約について聞きたいと言われると、毎回、胃の痛む思いがした。

野党のなかでも、「公約が次の選挙までに全部実現するなんてことは、ごく限られていることで、実現できなかったら、今後もがんばっていくと言えばいい。それを、今回みたいに公約違反云々というのは、市長の足を引っ張るために言っているにすぎない。困ったものだ」と言う保守系の長老議員もいた。

このことについては、後に、私のカバーにまわってくれた前市議会議長が、「公約というのは、こうしますとか、こうしません、というようなことは書かない。もっと基本的な項目について、こういう方向で、こういうふうにしたいと思う、というふうに書くんだ」と、教えてくれたのだが、後の祭り。言ってみれば、自分で自分の首を絞める結果になってしまった。

市長と与党との関係については、とにかく、私と与党との仲を裂くか、それとも共産党の回し者に仕立てるか、どちらかにしたいという意向が、非常に強く感じられた。市長というものは、当然、一定の相対的な独立性があるはずで、したがって、細部についてまで与党の代弁をしなければならないとは考えていない、という私の姿勢が答弁の端々に出たのだろう。どんな問題についても、「いったい市長と与党との関係はどうなっているんだ、与党の推薦を受けて出ているんだろう、それでは与党にたいする背信ではないのか」というふうに話を持っていかれる。この手の追及の仕方も、かなりの間、続くことになった。

驚くほど多いさまざまな団体とのつきあい

市長に出席してほしいと、いろいろな団体から要請がくる、その多さには、びっくりしてしまった。ざっとあげてみると、市の外の関係では、まず国、東京都、それに周辺のいくつかの市と協同して主宰している競輪や競艇などの収益事業組合、廃棄物処理組合があり、市内の関係では、社会福祉協議会、消防団、民生・児童委員協議会、保護司会、健康福祉サービス協会、国際協会、農協、商工会、青年会議所、医師会、体育協会、ロータリークラブ、老人会、遺族会、PTA、各種文化団体など、その他、国分寺市の場合だと二つの再開発関係地権者団体と、それに関係する公社、公団。さらに、町内会のお祭りなどである。このほかにも、細かいものはたくさんある。

出席要請が来ると、秘書課で調整をして、日程を組み、何日の何時からはどこ、何日はどこと、それこそ老人会のゲートボールの開会式まで行くことになる。休日もほとんど全部予定が入っていて、全く予定が入っていない日は、一年に何日あるだろうか。

出席要請を受けると、私は、秘書課を通じて、担当部局に資料を出してもらう。ロータリークラブならロータリークラブ、消防団なら消防団、それぞれの過去のいきさつから、国際的な動きまで、資料が手元に届くと、可能なかぎり予習をする。予備知識のない私には、これは不可欠な仕事であった。ただ私の場合、事務方で準備してくれる挨拶の草稿は文字通り〝参考〟にして、実際に述べる挨拶は私なりの内容のものを考えて、会合に出席するようにした。そうすると、ほとんどの市長は原稿も見ないで、自分の言葉でしゃべってくれると、たいへんよろこんでくれるのだった。

しかし、しばらくやっていると、これでは、首長というものは、公務として選挙運動をやっているのと変わらないのではないかと思うようになり、現職が強いのは当たり前ではないかと、実感する。市長会に行ったときに、お茶を飲みながら、そういう話をしたら、多くの市長さんは、要請があったら、夜遅くであろうが朝早くであろうが、最大もらさず出かけていくという。

今から考えると、市長というのは、そうでなくてはいけなかったのかなとも思うけれども、そのころは、内心、市長には、もっとやるべきことがあるのではないのかと思っていた。とくに私は、よその世界から入ってきたから、無理に行かなくてもいいところは、行かないですませて、その時間で、政策に関わる文献や資料をたくさん読みたいのにと、痛切に思ったことだった。

ところで、そういう団体に行くたびに、気になって仕方がなかったことが、二つある。

ひとつは、会合の種類・性質にもよるが、そういう会に与党の議員がほとんど顔を出していないということである。たとえば、商工会とか、JAとか、ロータリークラブとか、特に市政に影響のある団体がいくつかあって、そういうところでは、来賓として最初に市長が挨拶をすることになる。市議会議員にも全員に招待状が出ているので、何人かの議員さんも来ているのだが、来ているのは、いつも野党会派の議員だけ。革新系では、まれに社民党の議員が顔を見せたり、無所属の議員が来ていたこともなくはないけれども、一回か二回である。与党の議員に、「もうちょっと出てくれないと困る」と言っても、「いや、忙しくて」と弁解するばかりで、その後も、ほとんど顔を出すことはなかった。立場が違おうと、人間というのは、毎回、顔を会わせて、挨拶をして、雑談のひとつもしていれば、何かあっても、そんなにひどいことにはならないと思うのだが、どうだろうか。政治色彩のない地域団体の集まりの場合などは、なおさらである。

もうひとつ気になったことは、こうした団体の役員がほとんど同じ顔ぶれのことが多いということである。たとえば、民生・児童委員協議会や保護司会。この種の団体は、市の事業をいろいろやってくれているのだけれども、当然のことながら、役員を選ぶ権限は市にはなくて、これらの団体が自ら出してくる。ところが、総会にいっても、役員はいつも同じ顔ぶれが並んでいるし、任期が終わってもまた同じ人が出てくる。それから、少数の有力者が各種団体の役員を兼ねていることもある。たとえば、民生・児童委員協議会の総務とか、会長といった人たちが、保護司会の役員でもあったり、社会福祉協議会の役員でもあったりする。だから、どこの団体にいっても、出てくる顔ぶれは、かなり重なっている。

こういう地域に影響力のある有力者的な人が替わってくれないことには、市役所から、いろいろ新しいことをいっても、市長がいくら何を言っても、あまり効果はない。選挙のときも、こうした人たちが古くからの地元の人たちと結んで、候補者を担ぐわけで、そういう底辺の力関係で行政が動いていくという印象を受ける。

そんなところで、市長が何を言っても関係ない、そういう感じである。唯一、少し、力関係が変わってきたなと思うのは、農協関係だった。私が、農業に力を入れると言っていたこともあるが、元の市議会議長（自民党の長老）が農家で、その方の私に対する認識が変わってくるのと、ほぼ比例して、変わって来たこともある。また、八期目の共産党市議の方（現在は引退）は、五日市街道沿いの農家に信用があって、選挙のときには、私を連れて、農家を一軒、一軒歩いてくれた。この二人のおかげもあって、農業関係の方は、私に対する態度が、変わってきた。こんどの市長は、珍しく、今の時代でも農業を大事にしてくれると言ってくれる人が多くなり、そういう個人的な理解が進むと、風向きも変わってくるのだった。

職員の事なかれ主義や縄張り意識

市長というのは、行政の長であって、市役所の職員をまとめて、市民サービスをしなければならない。ところが、国分寺では以前から議員筋の〝紹介〟や推薦で入職した職員が少なからずいたために、野党の、反山崎の旗幟鮮明な議員たちは、いろいろなところで、職員から情報を仕入れている。こうした野党の息のかかった職員が当初はおおぜいいたから、非常に市役所の舵取りがやりにくい面があった。

野党議員にだけ、市長の知らない情報が提供されていたり、それが使われていたりするし、担当の職員しか知りえないことを、野党議員が議会で質問してきたこともある。本会議で、ある野党の議員が市長追及をしたので、反論をしたら、「だって、そういう議論をしたんだろう。担当部長、議事録はないか」と言う。すると、「ございます」といって、すぐに机の下から出すという場面もあった。委員会の議事録を本会議で要求されて、サッと出るわけがない。あきらかに野党と打ち合わせをしてきているとしか、考えられない。そういう意味では、四面楚歌、誰を信用していいかわからない状態だった。

それにくらべて与党、とくに共産党は、役所の中の行政組織とか、職員の配置とか、事務手続きとか、そういうことについては、知識がないだけではなくて、ほとんど関心がない。だから、職員からすると、与党は相談相手にならない。役所の部・課ごとの行政組織の所管の適・不適とか、職員配置の適・不適とか、そういうことについて、十分な知見をもっていないと、市長としても相談ができないということになる。そういう状態だと、職員も、市長を信頼してくれない。

それよりも、野党に相談をしたほうが、市役所が円滑に動いていくと思っていたようだ。だから、私が、風通しを良くして、合理的な行政運営にしようと思っても、なかなか、それに乗ってきてくれない。これは、非常に悔しいことだった。

それから、職員の前例踏襲、事なかれ主義、タテ割の縄張りなど、こうしたいわゆる官僚制の弊害にも、いろいろ悩まされることになった。たとえば、ある保育園の父母会有志が、日曜日に保育園の園庭に犬をつれてきて、子どもたちを遊ばせたい、という施設利用願いが出されたときも、さまざまなことをよく考えて対策が練られていたにもかかわらず、担当者は、前例がないからと、断っていたのである。「前例がないなら、前例を作ればいいではないか」と、つい私が声を荒げることにもなる。

市長と一般職員が自由に懇談したいと、部長会議に提案したときも、大変だった。『それは職務命令か、研修か」と、問うのである。「いや、自由に意見交換をしたいだけなんだ」といっても、

「では、とりあえず研修ということにしてくれ」と、言ってくる。私は、押し切って、自由な懇談会としてやったのだが、そういうふうに自由にやること自体が、それまでの役所のしきたりからはずれるので、どう対処していいのか、担当者には、ものすごい負担になってしまったらしい。しかもこの提案に対し、組合からは、超過勤務手当てを払うのか、組合の切りくずしではないか、とか言ってくるのだった。

議会での幹部職員の答弁は、辻褄合わせに汲々となり、そのために、しどろもどろになったり、答えるのに時間がかかったり、言い訳がましいことを言って、まことに要領を得ないことが多かった。「もうちょっと、自分の仕事については、責任をもって答えろ。できないことはできないと、無理なことは無理と言ったらいい。それでケンカになったら、私が対応するよ」と言っても、部課長の答弁の仕方のかなりの部分は、非常に消極的、引っ込み思案で、歯切れが悪いものになる。国分寺市の職員は、ひときわ萎縮していると、他の自治体からも言われる始末だった。野党議員の、重箱の隅をつつくような質問のいやらしさもあるが、もう一方で、自分の所管以外のことに言及して、ほかの部署に迷惑をかけると、しっぺ返しをくう恐れがあるからだった。こうした答弁の不手際、事務の弛緩があるたびに、市長の責任を問う声が、議会からあがるのだった。

むろん、長年にわたる行政追及のための議会というシステムが習性となってしまっていることも大きな原因であるが、官僚制というのは、役所だけではなくて、政党であれ組合であれ、多人数の組織には必ずはびこることは、マックスウェーバーを引き合いに出すまでもない。官僚制をなくすのがいかにむずかしいか、日々、実感していた。

国分寺市のことではないが、ニュースを聞いていても、そういう例がいろいろ目につく。たとえばある少年事件（一九歳の少年を引き回して殺した事件）で、警察が親からの依頼に不適切な対応をとったことに対して、当の警察署長は訓告、刑事課長は停職一四日になり、県警は処分をしたと発表している。しかし、免職、停職、減給、戒告はたしかに法律上の「処分」にはちがいないが、訓告や厳重注意などはたんなる行政内部の「措置」であって懲戒処分ではない。つまり、何もやらなかったわけではありませんよ、ちゃんと注意しましたよ、というだけの話で、警察はそれを「処分」だと発表し、マスコミも「処分した」と報道しているのだ。被害者の親は、あまりにも軽い処分ではないかと言っていたけれども、私もそう思う。もっと重い「処分」にすべきであろう。

職員組合への期待は裏切られる

じつは、私には、与党とともに、職員組合にも、市民本位の市政を進めていく上での、ひとつの大きなパートナーになってほしいという期待があった。しかし、それは、全く裏切られていった。当時の職員組合は、職員のなかの特権集団として、前市長とのあいだに暗黙のなれ合いのような関係があり、新しい市長にたいして敵対的に働くようなスタンスが、強くあったようだ。選挙のときも、前市長の推薦をしている。

国分寺市役所の組合は自治労傘下で、私が接触したかぎりでは、私にも非友好的な対応で、私の理解しているような市民社会の常識が受けいれられないという感じを否定できないような組織だった。私も、かつては大学で組合の執行委員をやったこともあり、組合については、革新の清潔さと規律、そういう気風があるのではないかと思っていたのだが、日を追うに従って、そのイメージはどんどん崩れていった。

市役所に入って、まず最初に気がついたのは、胸にネームプレートをつけていないということだった。市民の応対をするのが仕事なのに、職員の相当数がネームプレートをつけていない。ときにつけていても、名前が書いていないのではと思うような真っ白いものだったりする。きちんとしたネームプレートをつけているのは、部課長のほかごくわずかしかいなかった。

なぜつけないのか、問題にしたところ、担当の総務部は、「これには、いろいろと深い過去のいきさつがありまして」という。ネームプレートをつけることは、労働強化になるという変な理屈で、組合が反対をしているということらしい。詳細は第七章で述べるが、結局、私の任期切れの直前に、写真入りのネームプレートをつけることになるまでに、四年の歳月がかかることになる。

八月には、毎年、市の防災訓練がある。市長になった翌月、私もはじめて参加したところ、そこに出てきている職員は部長だけ、ということで、これには、ほんとうに驚かされた。そこで、来年は職員も出るように、このような事態は是正するようにと、担当に指示を出した。これについても第七章で述べるが、日曜日に行われる防災訓練だから、時間外勤務手当てを出すと確約しなければ、協力はできないというのが組合の言い分で、それは、考え方の筋がちがっという私とのあいだで協調できないまま、最終的な結論を見ることなく、私の任期が終わってしまった。

そのほかにも、職員給与が、約三三〇〇の自治体のうち、ラスパイレス指数（国の平均給与を一〇〇とした場合の各団体の平均給与を示した指数）が全国一位だったことや、住宅手当が夫婦で働いていても両方に支払われていたこと、あとでわかったことだが、市役所内にある組合事務室の電気代が市費（公費）で支払われていたこと、など、是正すべきことが、多岐にわたって見られた。

こうしたことは、市役所の職員の労働がどういう性格のものなのか、市民との関係はどうなのか、という基本認識にかかわる問題であると、私は思う。しかし、市民に対する行政サービスの提供、地方自治法の言葉でいえば、市民福祉の向上のために働いているという自覚は、全くといっていいいほど感じられない状況になっていた。

それから、市には、いろいろな関連団体があって、市役所を退職した職員が嘱託として配置されている（私には職員の〝天下り〟の場所にみえる）。そのこと自体、一般に応募する人の機会均等に反するものだという大きな問題をはらんでいるが、この配置を決める場に、人事権のない組合の執行部が入っていたということもわかってきた。

問題は、こうしたことが、前市長との関係によって、毎年、積み重ねられていたこと、したがって、担当である総務部も、強くは出られなかったこと、また、職員組合のほうに、こうしたことを既得権とする意識があって、既得権の剥奪には反対をするというスタンスをとっていることだった。私に言わせれば、既得の「利益」ではあるけれども、こうしたことを、「権利」として保護するには値しない。

そのほかにも、驚いたことは、いろいろある。

職員互助会という組織があって、その役員には市長も、組合執行部も入っているのだが、そこに、毎年、五〇〇〇万円（当時）という高額な補助金が、市の財政から出ていたのだ。職員が退職するときに、慰労金を出したりするのに使われるというが、それでは退職金の二重取りになるのではないだろうか。これは、のちに、相当部分を返してもらうという形で、市の財政にくり入れるようにしたが、そうした運用の仕方が、外部に明らかになったときには、かなり強い批判を招きかねないだろう。

市民のなかにはリストラその他で、たいへんにきびしい生活状況になっている人が、数多くいて、社会保険料も満足に支払えない、そういう生活困窮者がおおぜいいる。それなのに、こうしたことが、そのまま持ち越されていくことは、私には黙認できないことだった。

見ず知らずの業者からお歳暮が

面倒くさかったのは、見ず知らずの業者からお歳暮が来ることだった。こういう慣習はよくないし、やはり、何かあったときに困る。「お志だけ感謝してお受けします」という手紙をつけて、包装を解かないで、その上から包装しなおして、そのまま送り返していた。お金と手間をかけて、どうしてこんなことをしなければいけないのかと、やりきれなかった。融通がきかない市長だなと思われるかもしれないが、こんなことはやめにしたい。さすがに、二年目は三つになり、三年目には来なくなった。

つまらないことかもしれないが、こんなこともある。部長会や課長会、市長会など、おおぜいで集まって会食をするときがある。そんなときに驚くのは、役所の人間は食事が早すぎるということだ。姉妹都市の方たちが国分寺に来たときに、駅ビルの八階の広間で会食したときもそうだったけれども、食べはじめて、いくらもたたないうちに、みなさん、席を立ってお酒をついで回りだす。と、お酌をされたほうは、黙って食べているわけにいかないから、みんな立ち上がってお酌をやり出す。お酌して回るのがひとつの儀礼、敬意の表明になっているのだ。私も儀礼上、あらかた食べてから回ったけれども、ほかの方は半分も食べないうちに回り出す。それで、そろそろお開きにという合図があると、いっせいに自分の席に戻って、あわててかき込む。かき込んで食べ終わるかというと、いっぱい残すことになって、それは捨てられることになるのだ。こういう役所社会の底辺を支えている悪しきしきたりは、どこかでやめさせなければいけない。

とにかく、初めての自治体行政、初めての議会は、知らないことの連続で、毎日が新しい世界だった。そこで行われていたのは、世間では通用しないことが少なくなかった。

元東京都の部長だった知人が弁護士になっているが、その方に、「どうなんだろう。市町村では、憲法、地方自治法にのっとって、正常に自治体行政が行われているのだろうか」と聞いたことがある。彼は、「とんでもない」と答えた。「都道府県や政令指定都市の場合には、世間も見ているし、当事者が気をつけながらやっているからいいけれども、市町村の場合には、滅茶苦茶なところがいっぱいある。どうして、こんなことがやられているんだろうというような、地方自治法から考えると、想像を絶するようなことが、いっぱいある。そういうところが大半じゃないか」ということだった。

第二章　理念と乖離しすぎている現実の議会

この章でまずいちばん伝えたいことは、議会についてこれまで持っていた私の知識・イメージと、現実の議会とが驚くほど乖離していたということだ。曲がりなりにも三十何年間か、憲法の教師として仕事をしてきた私は、ふつうの国民の人たち一般にくらべれば、憲法と憲法制度については比較的よく知っている方だと思う。その私からみて、いままで、恩師の先生方から講義を聞き、自分で文献を読み、学生に講義をしてきた、そういう知識として持っていた議会の理念、制度と、これほど乖離している存在がほかにあるだろうか、と思うぐらいに、現実に体験した議会がちがっていたのだ。

市長職についてほぼ一年後に、一橋大学の大学祭で、同じ憲法専攻のある教授のゼミで、研究者出身の市長ということで話をさせられたことがあるが、そのときに、そういう印象を語ったら、教授が「ほんとうにそうなのか」と目を丸くされた。おそらく同業者の憲法学者の多くがそういう反応をするのではないだろうか。

ここでは、「乖離」とはいったいどういうことなのか、どうしてそうなるのか、克服するためにはどうしたらいいのか、それで克服できるものなのか、そういうことを、制度や建前の説明と同時に、現実に議会を構成している政党や議員や理事者の諸関係の中で、述べてみたい。

現実の議会は行政府のチェックというよりは首長に対する無理難題

いったい議会は何をするところか、議会に期待されている役割は何かということは、意外に、外部の一般の方には知られていない。

日本のいまの憲法制度では、地方自治体の首長は、直接、市民から選ばれるのであって、議会の多数派のなかから首長が選ばれるわけではない（いわゆる「大統領制」であって、「議院内閣制」ではない）。また、国会が国権の最高機関だと憲法四一条にあるのとはちがって、地方議会というのは憲法九三条にあるように議事機関、つまり市民の意思を代表して議論する機関だから、当然のことながら、国会とはちがった地位と役割が与えられているし、地方議会の議員には、国会議員とちがって、憲法上の特権が認められているわけではない。

しかし、国分寺市議会議員の中には、理事者や職員に対して特権者意識をふりかざす場面が、しばしば見られた。

議事機関のほかに、議会の役割のもうひとつは、行政府、首長へのチェック機関だというものだ。しかし、議員のいったい何人の方が、市民のための議会、その構成員としての議員という自覚を持っていたのだろうか。首長や行政を叱宅激励して、市民のための市政を実現させていく、そうした使命感を担って議員の仕事についている方は、きわめて数少ないのではなかろうかというのが、いつわらざる実感だ。

私は、市長職についた当初から、市長と議会は車の両輪のようなものではないか、両者があいまって、地方行政は円滑に進められていくのだと言ってきたけれども、実際には車の両輪にはほど遠いものだった。私の場合は、少数与党であり、多数野党（この当時二八名中二一名）は、無責任な言いたい放題のことを言って、首長を痛めつけるのが特権であるかのごとくふるまってきた。行政府のチェックというよりは、無理難題といってもいい。その一例が、どう考えても良識ある方法とは思えない予算審議のやり方であり（三月議会では、千数百ページある次年度予算案を、各ページごとに、いずれの議員にも持ち時間無制限で質問を認める）、多数野党は、政治的に首長を追い詰めるために、会期末の三月三一日までは絶対に予算書の審議を終えないようにしてくる、ということが四年間つづいたのである（現与党が野党だったころも同様であったといわれる）。

また、地方自治法の第一〇〇条では、市政に不可解なことがあった場合、議会が強制力をもってその真相を調査をするために、百条委員会が設けられることになっているが、その政治浄化のための委員会ですら、私の経験でいえば、市長に痛手を与えるために政治的に利用しようとしたとしか考えられない設置をしたのである。

それは、ＪＲ中央線国立駅北口広場を駐輪場として借りるための契約更新にかかわる問題で、九七（平成九）年までの借用料にくらべると九八年の契約更新のときの借用料が、ガクンと跳ね上がっていたのをとらえ、そのときに市長が何らかのリベートを得ているのではないかと、野党が強引に〝推測〟をして百条委員会を設置した。結果的には、市長が国立駅北口広場のこれまでのいきさつを知らなかったために、担当者の言うことに任せてしまったために起こったことで、市長には不当な利得などはいっさいなかったことが、ほどなくしてわかり、かなり早い時期に、その百条委員会は閉幕解散された。市政には、あらゆる契約にかかわって不当な利得がたえずつきまといかねない、ということが、それではからずもわかってきたけれども、この百条委員会自体も、その直後に迫っていた市長選挙にむけて、市長を追い落とすために使おうという意図があったのだということが、後になってわかった。

もうひとつは、一部の議員だけれども、議会の答弁者として出ている幹部職員に対して、いわれなき支配者意識をむきだしにし、特に横車と蔑み、侮蔑、そうした態度を露骨に示して無理難題をいう、それは目にあまるものがあった。言われる職員のほうからは、立場上、議員に対しては抗弁ができない、そんな雰囲気が充ちていた。それに対して私は一回だけ怒ったことがあるけれども、首長といえども文句を言おうとすると、助役や職員から「市長、こらえて下さい」と止められて、なかなか抗議すらできない。議員と職員のあいだには、いじめと被いじめの関係としか表現できないような、いわば身分的な隷属関係が厳然として存在していた。

こんなことがあった。あるとき何かのことで、議会が紛糾したことがあった。その翌日の新聞(多摩地域版)がこのことを報じた最後の部分で、企画財政部長が記者のインタビューに答えた部分に「もっと政策論議が行われるとよいのですが……」との感想の一言が載っていた。すると、翌日の本会議で、ある議員が、「企財部長は、議会が政策論議をしていないと言うのか」と詰問して、部長の答弁を求めた。企財部長が「そういうわけではありません」と抗弁すると、その議員は「ではそうではないんだな」と念を押して、「それならまちがった不当な発言だったことについて陳謝しろ」とたたみかけて、部長に取り消しと陳謝をさせたということがあった。こうした、議員の質問の意に添わない答弁だと、その管理職を徹底的に攻撃するという風潮が若い議員にも伝播していった。

こうしたことから、職員のなかには、管理職になりたくないという風潮が生じていた。部長になると本会議や委員会、課長になると、少なくとも委員会では答弁に立たなければならない。いまのような議会の無秩序な追及にあうと、対応しきれないというのだった。また、多数野党の一部だが、一部の職員と結びついて、首長に対するいやがらせをやったり、裏をかいたりすることも、一度や二度ではなかった。

議会がもう少し、議会本来の見識のある立場に立たないものかと、痛切に感じざるをえなかった。市民のための行政をいかに実現していくかという地方議会本来の趣旨に、忠実に運営されているとは、私の市長在職四年間の経験からは必ずしも言えない。

こうして、最初の一年で、どうしても議会を改革しなければいけないと思うようになったので、さっそくこれに取り組もうとした。しかし、以上のことにもまして意外であり、かつがっかりしたのは、与党が議会運営の改革に肯定的ではなかったことである。すなわち、私が市長職について一年ほどたったころ、与党の幹部議員に、こうした議会の現状を改めていくようにいっしょに努力をしよう、と要請提案をしたことがあった。ところが意外なことに、その与党幹部からは「市長の気持ちはわかるけれども、議会とはこういうところなんだから、早く、市長も慣れてくれないと困る」という反応しか返ってこなかったのである。意外な返事に、私は落胆してしまった。また、私が市長職について三年目ぐらいだったろうか、「変える会」の世話人会のなかで、ある世話人が私と同じことを提起してくれたことがあった。しかしそのときも、与党議員は、「市長はまだそんなことを言っているのか、もうとっくにわかってくれていると思ったけれども、これは早く慣れてもらうしかしようがないんだ」と、以前と同じことを言ったとのことなので、二度がっくりし、失望した。

このように、議会が正常に機能しているとは、私にはとても思えなかった。しばしば横車を押す多数野党の一部議員はもちろんのことながら、そうした状態を何ら奇異なことだとも感じず、議会改革には取り組もうとしない革新与党に対しても、私は、こうした議会のあり方でいいのかと最後まで問いつづけ、辞めたいまでも、これはたいへん大きな課題ではないかと思っている

（「山崎市長の与党だって、以前の保守市政のころはさんざんやってきたことだから、しようがないんだよ」というのが、引退した元保守系議員の言葉であった）。

そうした状態を何とかして変えなければならないのではないか、という思いが年ごとに強まってきて、しかも、強まった思いをどうしようもないまま、四年間が終わってしまった。少々オーバーな言い方を許してもらえれば、一人で議会運営に抵抗したり、改革の努力をしたりしながら、むなしい四年間を乗り切ってきたという印象をぬぐいきれない。

この四年間は、市民の中では、時にハイライトを浴びた反面、議会では、いじめというよりもっと残酷なリンチを受けつづけた年月だったといえる。ある与党の議員が、一度見かねて、そういう発言をくりかえす野党の司令塔的な議員に、「もういい加減にしたらどうだ」と言ってくれたことがある。そうしたら、「二年間は前市長の弔い合戦だ。まだ喪中なんだから、我慢してもらわなきゃ困る」といったという。そういう感覚なのである。そういう感覚で議会に出てきているかと思うと、戦後民主主義ははたして継承されているのだろうかと思わざるをえないのであった。

こうして、しばしば人身攻撃まがいのことも平気で発言する。しかし、野次は議事録にはのらないし、まれにのったとしても、「不規則発言」の一言だ。まずい発言は「取り消します」と言えば、議事録から削られてしまう。だから、議事録からだけでは、議会のほんとうの姿は見えてこない。あまりにひどいことを言われ、我慢ならなくて、よほど名誉毀損で、こうした発言をする議員を訴えたいと思ったことが、何度あっただろうか。

そういうことを、友人の弁護士にも相談したけれども、「議会については、裁判所でも扱い方がさまざまで、公共の福祉に反しない限りは、その部分社会固有のルールに従うという見方もあるから、訴えても、勝てるかどうかわからない」と言う。与党も、「市長は法律家だから、そういう発想をすることはわかるけれども、これは政治の問題だから、政治の場で決着をつけるものだ」と言う。

それでは、多数派は言いたい放題、何を言っても許される。少数与党の市長のほうは何を言われても耐えるしかない。人権とか名誉は最も大事にされなければならないと思うが、議会ではそれが通らない。これでは、ふつうの神経の人間は議会に出てこられなくなるではないか。裁判がダメなら、社会で、こういうあり方でいいのか、議論してもらうしかない。そして、こうした議会の実態は、現実の議会を傍聴してみるしか実感できないのである。

理事者は答弁するだけ？——極端に制限されている言論の自由

いったい議会における与党とは何なのか、野党とは何なのか。そういう分け方がどれだけ地方自治の発展に寄与する概念なのだろうか。私には、生産的な分け方だとは思えなかった。与党だって正しい主張をすることもあればその逆もあるし、野党だってもっともな指摘もあれば横車の主張もある。与党、野党という言い方よりも、議会が議会としての役割を果たすことと共に、首長の自立性がどれだけ認められてしかるべきなのか、考えてもらう必要があるように思う。

ジャーナリズムなどで議会のことが扱われるときに、いちばん出てくる対立図式は与党と野党の位置関係や役割だと思う。しかし、私の四年間の経験からいうと、与党と野党という分け方よりも、議会対理事者(市側)、あるいは議員対理事者の関係のほうが、はるかに鋭い、激しい対立図式におかれることが少なくない。

というのは、議会の議員というのは、与党であれ野党であれ、行政のチェックをするのが役割なので、市側の理事者に対して質問をするのが議員の役割、それに答えるのが理事者の責任ということになる。それはまちがっているのではないが、与党対理事者、野党対理事者、どちらの場合でも、議員には百パーセント以上の言論の自由があって、理事者のほうは、問われたことにたいする答弁だけで、それ以上、理事者のほうから議会側に議論を投げかけることが、原則的には許されない。そうした議員の役割を〝特権〟と理解して、与野党が暗黙に認めあっている状況では、与党と野党のあいだの緊張関係というのは、ほとんどないに等しいといえる。しかし理事者に対しては、与党であれ野党であれ、緊張関係にある。

与党対野党の関係よりも、議員対理事者の関係のほうが、しばしば鋭くきびしい対立関係におかれるということには、もうひとつ、次のような理由がある。議員の場合には、与党であれ野党であれ、市民の代表として質問をするのだが、それについて責任を取らなければならない立場にはない。裏を返せば、何を質問してもかまわない、無責任と言われてもとがめ立てされることはない。言いたいことをぶつけてくる。それに対して、理事者というのは、市政を執行するという責任があるので、理想だけ語っていればすむものではない。そのちがいが鋭く対立的に現われるということが、この議会対理事者という関係の特徴のひとつといえる。

理事者の責任と権利、権限がどういうものなのか、どこまで理事者が議会と議論ができるのか、というようなことも、考えてみることが大事なのではないかと思うのだが、どうであろうか。

なぜ与党と野党のあいだでは直接議論が行なわれないのか、ということも、当たり前なことのようで、私には非常に不可解なことだった。イギリスの議会などとちがって、日本の議場は、理事者側の席に向かって、半円形の議席がおかれ、与党も野党も理事者に向かって座ることになる。そして、議会運営は、議員から理事者にむかって質問等が出され、理事者はもっぱらそれに答える形になっていて、議員同士で議論はしない。与党と野党が正反対のことを市側にぶつけてきても、与党と野党のあいだで議論が交わされることは、まずない。しかも、議員同士ということで、お互いに妙ななれあいがある。相当に野党の体面を傷つけかねないことを与党が言っても、まず野党は怒らない。そのかわり、野党が与党のことをとんでもなく悪くいっても、与党の方は怒らない。そして、それらはすべて市側に向けられてくる。私は、はじめての九月議会のある委員会のときに、あまりに不当な人身攻撃をしてくるので、思わず大きな声を出して反論したことがあった。すると、委員長（野党）は「まあ市長、お静かに」というし、与党も「市長、熱くならないで」という。彼らにすると、市長はわれわれが聞いたことに答えればいいのであって、市長のほうから、われわれに問いかけるなんて、まして反論するなんてとんでもない、ということで、与党も野党もそれを暗黙の前提として認め合っているのだ。

しかし、先のようによく引き合いに出されるイギリスの議会では、与党席と野党席はお互いに向かい合った階段議席になっている。そのように、本来、与党と野党というのは、市政に対して責任の負い方の質的なちがいがあるだけで、議論をつくして、議会が全体として、執行部に対する批判的な機能を果たすべきものだと思う。さればこそ、イギリスの議会のように、いつ政変があっても国家も国民も惑うことがないように、野党の側にシャドウ・キャビネット（影の内閣）がつねに設けられているのであろう。

与党、野党、いずれの立場からでも、首長に対してきびしい批判をする場合があっていいし、全体として首長の主張を支える必要があるときもあるだろう。たとえば、首長が自治体を代表して、都道府県なり国なりに対して一定の批判を行なう場合を考えれば、議会が総体として首長を支えるということは当然あっておかしくはない。そうした場合に、与党と野党が忌憚のない自由な議論を交わさなければ、自治体として妥当な主張がまとまることは期待できない。ところが、与党は首長を事の如何にかかわらず支持をする、野党は事の如何にかかわらず批判する、与党と野党はほとんど議論をしない、ということでは、その分、自治体の合理的な施策や方針が打ち出しにくくなると考えるのは学者の空論ないし書生論なのであろうか。

いる。

不条理な慣習と議会運営、議員の見識

こうした意味で、議会の慣習、ルールも、洗いなおしをする必要があるのではないかと思っている。

議会にはまことに妙な慣習があって、たとえば本会議にしろ委員会にしろ、議会の場で発言をしたこと以外には、こちらから議員の発言を引用してはならない、ということがある。つまり、議員が休憩時間や議場外で発言したことを、議会の議論の場で引用しようとすると、それは許されないのだ。また、前の会期までに行なわれた議論を踏まえて（引用して）議論をすることも許されない。それから、前言のなかでまちがいを発見した場合でも、同一会期内だったら訂正がきくけれども、その会期が終わって、次の議会に入ると、前の会期に発言したことについては、たとえ物理的なまちがいでも、答弁の訂正は許されない（国分寺市議会会議規則第六三条）。しかし、もし誤解があったためにまちがったのならお詫びをして訂正をする、物理的にまちがっていたことは会期が改まろうと改まるまいと、同じ会期であろうとなかろうと、お詫びしてまちがいを正す、それをフェアーに認めるべきではないのか。前回にこう言った以上、今更そんなこと言ってもダメだというのでは、政治的に反対の立場から相手を問い詰めるためには有効であっても、市民の利益にはならない。こうした不条理なことが、議会のルールとしてまかり通っているのは、なんとも解せないことではあった。

議会の運営のやり方でも、いくつか問題がある。たとえばこういうことがあった。

話が紛糾してくると、いったん休憩に持ち込んで、議場外で一定の調整がつけられ、結論がほぼまとまった段階で議会を再開し、結果だけを議場で確認をする。落ち着かせるところに落ち着かせるというやり方で、国会のいわゆる五十五年体制というのも、これの規模の大きいやり方ではなかったのだろうか。しかし、傍聴席にいる市民にすると、問題がこじれると、何もわからないままに休憩に入り、いつ議会が再開されるかわからないで放っておかれる。いったん休憩に入ると、それが十分なのか、三時間なのか、わからない。いちばん長いときは、一日だったこともある。そして、再開されたと思ったら、とたんに手順に則った結論が出されて、それで一件落着となる。こういうやり方は、まことに市民をバカにしたやり方ではないか。いっぽう、答弁に出ている職員も、本会議だったら部長が、委員会だったら部課長が、資料をかかえて延々と待たされることになる。その間、部課長は議会に拘束されているので、ことによったら行政事務は停滞したままになる。こういうことがけっして珍しくない。

議会が始まる前には毎回、各党派から代表が集まった議会運営委員会で、提出議題とその順序の確認をすることになっている。しかし、これがつねに守られるかというと、そうではない。あらかじめ申告されたテーマに対して、行政側は資料その他の準備をするのだけれども、議員には全く事前の予告なしに新しい質問を出したり、予告したものとちがった質問を出してくる。そのために答弁側の準備が整わなかったりするのだ。しかも、平気でそれを無視しても、議会運営委員会の委員長がとがめだてしたり、議長が指摘したり反省を求めたりすることはまずなかった。

それから、委員会で議論が白熱化してくると、何が何だかわからなくなって、整理できない委員長もいる。また、すでに決着している問題を蒸し返す議員もいるが、その問題は決着がついているといえばすむのに、制止せずに言いたい放題にさせておく委員長もいる。また、委員会の席上で、委員として出ている議員と、後ろの傍聴席にいる同じ党派の議員が指でサインをしあって、アンフェアーなやり方をしていても、委員長がそれに対して少しも注意をしない、ということも、よくみられた。肚に据えかねる思いであった。

細かいことだが、委員会では、議員は座って質問をするのに、市側の理事者は、いちいち立って答弁をする。これなども不平等なおかしな慣習だ。座ったままなら座ったままで挙手、委員長指名で発言すればいいではないかと思う。

こうした議会の慣習や約束、ルール、マナーを正す動きを具体化しないことには、議会は腐っていくのではないかという恐れを私は抱きつづけていた。

議員のモラル低下にも目を光らせる必要がある。ある議員は、自分の息子の進学にかかわって、内申書の書き変えをするように、教育委員会に圧力をかけた。こんなことを許してよいのかというきびしい批判を含んだ相談が、市民から持ち込まれたことがあった。しかも、それを、その議員は他の市民から相談を持ちこまれたケースであるかのごとく第三者的な言い方で、教育委員会はどう考えるのかと、議会で質問してきたのだ。このことは与党に伝えていたのだけれども、与党はまったく問題にすることはなかった。

それから、ある議員の支持団体が、ひかりプラザ（市の集会施設）に設置してある市民が共通に使う印刷機を二年で一〇万枚も印刷し、問題になったことがある。用紙はその議員の支援者の持ち込みであったが、印刷機の占有時間が著しく長時間にわたり、ほかの利用者に少なからぬ迷惑を及ぼしたということであった。使用規定には、印刷機の使用は、「特定の宗教活動」「営利を目的とする活動」には使えないことになっているが、「政治活動」という言葉は入っていない。しかし、たまたま国分寺市ではそうだけれども、「特定の政治（政党）活動」も除外しているのがふつうだ。それなのに、その支援者は規則に違反していないといって抗弁したとのことであるが、それは、社会常識（通常の市民活動常識）、モラルに反することだ。ささいなことかもしれないが、こういうことが政治倫理の低下を招く。

いったい議会というのは何なのか。議員というのは何なのか。いまの世の中での社会感覚からすれば、それなりの報酬を得ながら党利党略でのみ行動し、公共の利益を省みない。不適切な言い方かもしれないが、税金泥棒ではないかと言いたくなるときもある。それなら、仕事を持っている方が夜だけ議員として集まって、議論をしてくれたほうがいい。現に、オーストラリアでは、そういう町があると聞いている。

いったい議会の役割と責任というのは何なのか、それを、もう一度、きちんと考え直したい。そして、それにふさわしい議会の慣習になっているのか、ふさわしい見識を持って議員になっているのか、吟味したいものだ。

議会をテレビ放映して有権者に見てもらいたい

有権者と議員、あるいは有権者と市長の関係というのは、建前は、有権者が主人公であって、有権者の判断によって議員が選ばれる、あるいは首長が選ばれることになっている。

しかし実際には、これは国分寺市だけではなくて、どこもそうなのかもしれないが、首長や議員の所属する党派によって、一般有権者のかなりの部分が系列化されてしまっている。そうでない有権者は、忙しいから無理ないのかもしれないが、自治体の行財政については日常ほとんど関心を払っていなくて、選挙が近づいてくると候補者のポスターや選挙ビラや宣伝カーの主張だけを聞いて投票している。

議員のなかには、何を言っているのかわからない、理論的な裏付け、あるいは事実の裏付けもない、そういう発言をする議員もいたが、そういう人でも選挙では高位で当選してくることも稀ではない。プロの選挙屋に依頼したことや、選挙公報に書いた「予算議会で発言実績トップ」という言葉が効いたのではないかと噂される議員もいる。たしかに、野次も入れれば、発言実績トップになるかもしれないが、ほんとうのことは議会を傍聴しなければわからないだろう。これでは、いつまでたっても、自治体が民主主義の砦になるということは、期待薄ではないだろうか。

こうしたさまざまな課題をどうやって改めていけばいいのだろうか。革新民主の市政を掲げた者こそ、地方自治体の変革のきっかけを、もっとダイナミックに作っていかなければいけないのではないかと強く思っていた。残念ながら、私の非力のせいか、この点については最後まで目立った芽を育てることはできなかった。

ただ、この点について指摘しておきたいことは、日本の社会は、選んだ市民のほうが選ばれた議員に従属して、意のままに動かされているのが、実態ではないだろうか。これでは、議会がよくなるはずがない。では、議会がなくなればいいのかというと、そうは思わない。議会があればこそ、行政執行権をもっている市長に対して一定のコントロールにはなっている。しかし、現実には、その機能が必ずしも正常ではなくて、執行が正当なものであっても、それに何だかんだとケチをつけていかないと自分たちの存在意義がない、現実の党派や議員のかなりの部分は、政治活動とはそういうものだと考えているのではないかとさえ思えてくる。これをどうにかするには、とにかくまず市民の方々に議会の実態を知っていただくことだ。

そこで、議会をローカルテレビで放映したらどうかと、二回ぐらい、強調して言ったことがある。たとえば、武蔵野市役所や三鷹市役所などのロビーは、よく整備され、議会の様子がテレビ放映されている。「変える会」のなかでも、そういう提案をされた役員の方がいるが、案に相違して、与党議員が、反対はしないけれども、それほど熱心ではなかった。どうして熱心ではないのかと聞くと、返ってきた答は二点あった。

ひとつは、相当にお金がかかることだという。しかし、議場から市役所ロビーや、各図書館なり、公民館なり、公会堂なりへ有線で引くのには、一定の設備投資はかかるにしても、そんなにべらぼうに大きなお金ではない。それに一度設備を整えれば、以後つねに見ることができる。もうひとつの反対理由にはあきれ返ったけれども、下手に議会の状況を放映すると、議員の質問に対して、部課長のへっぴり腰で要領の得ない答弁が映ると、市長にとって不利益にはたらくのではないかというのだ。仮に、へっぴり腰で要領の得ない答弁が展開されたら、そのこと自体が市民の批判にさらされて行政側の活力が正されていく。それは地方自治の発展には大いにプラスになることで、どうして、そういうことを理由にして、議会の市民公開に賛成をしないのか、私にはよくわからなかった。

姉妹都市の新潟県佐渡郡真野町（現佐渡市）の町長さんが交替されて、就任挨拶に来られたときがあった。そのときに、それまで民放の佐渡テレビの社長をしていた新町長さん（現佐渡市長）は、「議会の状況をテレビ放映したら、必ず良くなりますよ」と強くおっしゃっていた。地元のＪコムは、やる気はあって、頼めば「すぐにでもやりますよ」と言ってくれている。問題は、議会の放映についてては、市長がどうこうできないことで、議会がその気にならないと実現できないことだ。議会をテレビ放映で見てくれたら、やはり市民もずいぶん変わるのではないかと思う。

それから、もうひとつ、各会派、各議員は、それぞれがＰＲ用の後援会ニュースとか宣伝チラシを出している。ところが、これだけ情報公開が公然と叫ばれている時代なのに、じつは一番公開されていないのが、この種の後援会ニュースや宣伝チラシなのだ。せめて、議会事務局や議会図書室には備えつけられていて、そこに行けば誰でも見られるようになっていないと、おかしいのではないか。なぜかといえば、会派によっては、個人の人身攻撃か名誉毀損としか言いようのないような、真偽取り混ぜた、じつにひどい内容の宣伝ビラを、各支持者のあいだに配っているものが少なくないからだ。しかも、一般の市民には見たいと思っても、見られない。そうなると、書きたい放題、言いたい放題になる。一般的な行政情報の公開が当然のこととされているときに、議員や会派の情報だけは秘密にしていいということではないだろう。これも、そうした動きを具体化する必要があると思うが、私がそう言っても、どこからも賛成の声はあがらなかった。

さらに、国分寺では議会を傍聴するときには、傍聴者が、テープなどで記録をとってはいけないことが、傍聴者規則で決まっている。しかし、従来メモを取ってはいけなかった裁判所でも、傍聴人が裁判のメモを取ることが許されるようになったこの時代に、議会だけが、昔のように傍聴者には静謐を求めて、いっさい意思表示を認めないでおいて、議会の方は秩序を乱されようとルールが無視されようとかまわないというあり方は、ぜひ改めるべきだと思う。むろん議員が野次のし放題だから、傍聴者にも野次を認めろと言っているわけではない。けれども、議会の運営の仕方によっては、それに対して、傍聴者がある種の意思表示をする手立てを考えてもいいのではないだろうか。ほんとうは、これは議員から発議されてもよい事柄だが、市議会にはその可能性があまりないから、有権者市民のなかから、そうした動きを出していく必要があると、私は思っている。

民主主義をつぶす芽におしなべて鈍感

九八（平成一〇）年に女性施策推進室の企画で、国分寺市が主催する、公民館を会場とする連続講座の中の一つとして、ドメスティック・バイオレンス（ＤＶ）を取り上げ、その問題の講師の一人に福島瑞穂弁護士（現社会民主党党首）を招いて行おうとしたことがある。

ところが、この企画に対して、直前の九月議会で、野党のある議員が反対した。どういう反対をしたかというと、「福島瑞穂氏は特定政党の国会議員である。こういう人を自治体の公民館の講座の講師に引っ張ってくるというのは、党派的な公正を害する」というものだった。これに対して、驚いたことに、一人だけいる社民党の議員は「私は同じ党派だけれども、やっぱりこの人選はまずいと思う」と同調して、反対した。

これは紛糾して、休憩をおくことになったので、その休憩のなかで、この人選をした女性施策推進室の室長とその上の市民生活部長を呼んで、事情を聞いた。私は議場に出てから、はじめてこの問題を知ったわけで、「職務がら、部長の決裁を取ればいいことかもわからないけれども、どうしてこういう問題について市長の意見を聞かなかったのか」と、女性施策推進室長に言った。すると、ドメスティック・バイオレンスの問題に造詣の深い議員と相談して講師を決めたという。しかし、議員というのは誰でもそれぞれ政治的立場があるので、参考意見を聞くのはかまわないけれども、最終的には行政の責任で人選をしなければならないはずだ。

私は「今回の人選についてはテーマに照らしてさしつかえないと思う。ドメスティック・バイオレンスの問題だったら、福島氏はかなり名の通った論客であるし、ここでは、そういうDV問題の専門家として選んだのであって、社民党の参議院議員として選んだわけではない」と言い、議会でも「私はさしつかえないと思う」と答弁した。ところが、担当部長のほうが「いろいろ問題があるので、この際、この講座を取りやめにします。別の講師を考えます」と、さっさと下ろしてしまい、一件落着になってしまった。すべての責任は市長にあるにもかかわらず、私に相談もなく取り下げてしまったのだ。

歴史の流れから見て、これは一種のファシズムにつながりかねないような性質のことではないかと、私は危惧を感じたのだが、ここでも与党は一言半句も異議を言わない。あとから聞いたら、福島さんは社民党の代議士だから、共産党が弁護することはないというのだ。社民党の議員が反対したのも、同じ社民党の講師なのに、自分に相談がなかったからだという。こうやって、自治体が自立した民主的な、先進的な施策を広げていこうとすることがつぶされたり、ケチをつけられたり、それを見過ごしたりしていく。自治体の現場で、思想・言論・表現の自由や、社会各地の新しい動きをつぶしていくことになるのだ。

一九三〇年代にナチスが台頭してきたころ、それを甘くみて宥和政策をとったことが、その後のファシズムの悲劇を招いたという歴史にてらして、民主主義社会が発展するための歴史の流れというものを、どういうふうに認識しているのか、過去に民主主義が次々とつぶされていったことから、どういう教訓を学んでいるのか、と、私は与党にも野党にも言いたい。民主主義の問題というのは、党派の問題ではないことを知るべきではないか。

そのほか、一見、非常に小さなことなのだが、やはり歴史の教訓にてらして、こんなことで流してしまっていいのかなあと思うことが、ずいぶんあった。

たとえば、自衛隊員の募集業務が地方自治法では自治体の仕事になっているけれども、防衛庁汚職があったときに、政府がお詫びをしないかぎり、国分寺市ではこの隊員募集業務を一時返上したいと思ったことがある。阪神大震災のときでも札幌雪祭りのときでも、自衛隊の第一線の人たちは寝食を忘れて一所懸命にやっている。それなのに、防衛庁が不正をやったり汚職したりするのは、許せなかった。そんな防衛庁（政治家や官僚）のありさまをそのままに見過ごして自衛隊の募集業務を、いくら地方自治法にあるからといって、自治体がやるわけにいかないと、返上したかったのだ。それで与党に「募集業務の一時返上をやりたいんだけど、どうだろう」と意見を求めたら、「ちょっと待ってくれ」と言う。次の週になったら「悪いけど、これはちょっとこらえてくれ」と言ってきた。結局、何もしないで終わってしまったのだが、相談しないで、やってしまえば良かったと今は思っている。

日の丸・君が代問題で質問がでる

市長に就任してはじめての九月議会の本会議で、野党になった自民党の議員から、「日の丸、君が代について、市長の見解を問う」という質問が出た。このときは、あたりさわりのない答え方をした。「基本的には、個人の思想・信条の自由の問題だから、上から、こうしろとか、ああするなとやかく言うべきものではない」と、それで、すました。この段階では、べつに何ももめるようなことはなかったのだが、教育長が、勝手に判断をしたらしく、「こんどの市長も、日の丸、君が代については、認めるようだ」と、校長会で言ったらしい。それを、与党の女性議員が聞いてきて、「市長の趣旨が必ずしもはっきりしなかったので、一二月議会で、もう一度、質問をしたいから、少しくわしく答弁をしてくれ」と言ってきた。

今度は、ちゃんと、日の丸、君が代についての故事来歴、国旗とは何か、国歌とは何かについて話し、国旗敬礼拒否事件として有名なアメリカのバーネット事件連邦最高裁判決(一九四三年)を引用紹介して、「基本的には思想・信条の自由に属することで、これは、憲法以前、国家以前の自然権に発源する基本的人権の問題だ」と答弁する。

この答弁が効いたのか、その後は、国旗・国歌法が通ったときにも、一人だけ質問した野党議員がいたけれども、この問題が政治問題になるようなことは、国分寺では全くなかった。

国旗・国歌法案について質問されたときには、「国旗の問題であれ、国歌の問題であれ、戦後半世紀も国民的な議論をしないまま、先送りをし続けて今日まで来てしまったこと自体、保守陣営も革新陣営もおしなべて非常に重い責任がある。しかし、周辺事態法からはじまって、通信傍受法など、たいへん重大な法律が、いともたやすく通過して、そのなかの一つとして上程され、あっというまに成立させられようとしている。これは、異常であり、そういう意味では賛成できない」

と答えた。

ついでに、当時、問題になっていた学校での強制についても、「学習指導要領で、日の丸・君が代をなかば強制的に学校に持ち込んでいるのは、憲法秩序の上からいって、たいへん問題がある。憲法が頂点にあって、憲法、法律、政令、省令、訓令、告示、通達という国の法秩序からいうと、学習指導要領は、憲法はもちろん、法律にも根拠のないものを一片の文部省令（現在は文部科学省令）で強制するものでしかない」という私の見解を述べたのだが、それについての反論はいっさいなかった。

日の丸、君が代問題は、自治体でいえば、どれだけ憲法秩序にふさわしいあり方ができるかという問題だ。つまり、思想・信条の自由を基本的人権として保障している憲法のもとで、国民の価値判断がわかれるものを、公共性を大事にしなければならない市政に軽々に持ち込むなということになる。日の丸、君が代それ自体が好きだとか嫌いだとか、いいとか悪いとかということではなくて、この問題でいちばん言いたいことは、思想・信条の自由は憲法以前、国家以前の自然権に発する基本的人権を憲法で確認・保障したものだということだ。これは、近代憲法での基本的人権論のイロハになっている。つまり、国家が保障したり保障しなかったりというものではなくて、国家の存在以前、憲法の存在以前から思想・信条の自由というのはおよそ人間の根源的・本質的な自由としてあって、国家権力といえども、それを侵してはならない。だから、日の丸であれ、君が代であれ、これを敬礼したい人は敬礼したらいいし、私は神様以外に頭を下げたくないんだという人なら、下げなくてもいい。歌いたい人は歌ってもいいし、歌いたくない人は歌わなくてもいい。そういう意味で、思想・信条に関わることについては、およそ国家権力といえども、地方権力といえども、特定の行為を強制することはできない。この原則だけは、はっきり貫く必要がある。それを省令による強制として真っ向から脅かしているのが、日の丸、君が代問題なのだ。

先に述べたアメリカのバーネット事件では、州法で義務づけている国旗に対する敬礼を子どもが拒否したために、親が処罰をされたものだが、裁判になり、バーネット氏は州の裁判所では負けたけれども、最後にワシントンの連邦最高裁判所で、そういう州法は合衆国憲法違反だとする、あざやかな逆転判決がなされた。判決は次のように述べている。

「もしわが憲法の星座に不動の星があるならば、それは身分の高低にかかわらずいかなる官吏も、政治、ナショナリズム、宗教、その他意見に関することがらについて何を正統とするかを規定しえないということであり、あるいは言葉または行動により、自己の信念を公言するよう、市民に対して強制できないということである」。かくして「国旗に敬礼させ、宣誓を強制する地方庁の行為は、その権限を定めた憲法上の限界を超え、すべての官憲の統制から守ることを修正第一条の目的とする知性と精神の領域を侵すものである。」（有倉遼吉編『教育と法律』第二章、二六頁〔星野安三郎執筆〕、新評論より重引）

なお、右のアメリカの合衆国憲法修正第一条（一九七一年成立）は、次のように書かれている。

「第一修正〔信教、言論、出版、集会の自由、請願権〕――連邦議会は、国教を樹立し、または宗教上の行為を自由に行なうことを禁止する法律、言論または出版の自由を制限する法律、ならびに人民が平穏に集会する権利、および苦情の処理を求めて政府に対し請願する権利を侵害する法律を制定してはならない。」（樋口陽一・吉田善明編『解説世界憲法集〔改訂版〕』三省堂、四九頁）

こうした理解の仕方は、西欧民主主義憲法の場合、常識である。

また、ベトナム戦争のときには、ヒッピーたちが大統領官邸の前で国旗を焼いた事件があって、議会では一部に、国旗侮辱法のような法律を作れという意見が起こったけれども、さすがに、それは、個人の良心の問題だとして、議会が事を荒立てることはなかった。

私が一貫して言いつづけてきたことは、国歌だから、国旗だからというそのかぎりでは、国民たるもの、素直に敬意を表することができればたいへん望ましいけれども、不幸にも日本では、日の丸は戦争中に軍の侵略のシンボルになったし、君が代は国民支配の手段とされてきた。日の丸は、戦争経験者がいなくなれば、苦い思い出は消えるだろうが、君が代は文章で書かれているのでそうはいかない。「君が代は千代に八千代に」という文言をもつ歌を国歌だとするのは、どう考えても、国民主権に立脚する日本国憲法とは矛盾する。思想・信条の自由に属することは、いかなる理由をもってしても、強制することはできないはずなのに、それを省令たる学習指導要領で強制し、それのみか事もあろうに処罰の対象にすらしようとしている例が、今の国家権力、またそれ以上に地方自治体権力（たる東京都教育委員会）の中にもあるということは、異常というほかはない。

直接民主主義の場と手法も考えたい

最後に、どうしてももうひとつ、言いたいことがある。

大規模化した現代社会では、直接民主主義は事実上不可能だから、それにかわるものとして、選挙で代理人として議員を選ぶという間接民主主義をとっている。だからといって、本来、前提としてあるはずの直接民主主義を否定するものではない。選挙がすむと、とたんに一人一人の有権者が、無権利状態になるというのでは、どう考えても合理的ではない。

日本国憲法では、直接民主主義を限られた形では認めている。たとえば、憲法九六条の憲法改正の国民投票でもそうだし、憲法九五条の、特定地域のみに適用される法律を国会で作った場合には、当該適用地域の住民投票で多数を得なければ発効しない、というのもそうだ。地方自治体の住民投票は、憲法の九五条と現実的には同じ意味をもつと考えてもいい。それから、地方自治法には、町村の場合、選挙権を有する住民全体をもって町村総会を、議会のかわりに置くことができるという規定もある（地方自治法九四条）。少なくとも、間接民主主義が適当でないときに、それを補完するものとして、直接民主主義は、十分に合憲的な存在なのだ。

スイスではないけれども、物理的に可能ならば、その自治体にとって重要な課題があれば、直接民主主義的に、市民の意見を直接に聴することを考えていく必要があるのではなかろうか。議会が政党政治中心になればなるほど、おおぜいの市民のなかから多様な意見が出てきにくくなる面があるので、そうした意思のある者は誰でも来て、直接、自治体の執行者と議論ができる直接民主主義の場と機会を、整備をしておくべきではなかろうか。国分寺市政にも、いまの間接議会制民主主義を補完するものとして、直接民主主義の場と手法を、私はぜひとも考えたかった。

その具体的試みを生かせるものとして、じつは西国分寺駅近くに市民文化会館を作るという問題のときにも、私は、直接民主主義の発信の場所としての文化会館という発想もあるのではないかと思っていた。しかし、議会を含めて一般の議論は、演劇中心のホールにすべきか、音楽中心のホールにすべきか、という議論しか出てこなかった。しかし、たとえば市町村合併の問題が出てきたときには、他の市町村との合併は是か非か、その可能性と特殊性は如何、という話し合いをするわけで、そうしたときに、市長はできるかぎり、市民の方々の考え方や意見を直接、受け止めうる限り受け止めて、事にのぞむ必要があるだろう。議会も、また、市政全体にかかわる重要な問題については、一般市民から直接、その意見を聞く機会があっても、少しもおかしいことはない。全市民が集まることは無理にしても、たとえば、千人規模か、千五百人規模の、できるだけ多くの市民が、直接、同じ場所で、侃侃諤諤の議論をし、市に対して意見表明ができれば、たいへん望ましいことではないか。一例として、そんなことも考えられると思うのだが、理解されなかったのは残念であった。

第三章　破綻に近い市財政とその再建

――新しい市政をめざして・その1――

前市政から引きついだ重荷――破綻寸前の財政

予算は数字であらわした首長の施政方針、施政計画だといわれている。そのぐらいのことは知っていたが、引きついだときに、まず、突きつけられた課題は、財政が日に日に窮乏化の一途をたどっているということだった。

一般会計でみると、予算総額が三六八億円余だが、負債は二五二億円余。特別会計の負債もふくめると総負債額は八〇〇億円をこえており、多摩二七市で最悪だった。借金の返済は毎年三二億円ぐらいもあり、公債費比率、つまり支出のなかに占める借金の割合は、一六・四パーセント(全国平均一〇パーセント)であった。しかも、不況と政府の減税政策のために、税収は一〇億円も落ち込んでおり、基金、つまり貯金を取りくずして、毎年、予算のバランスを保ちながらやってきていた。このままではやっていけないことは、誰の目にも明らかだった。

国分寺市には、一〇年間の長期計画の実施計画があったが、二年目で、すでに見直さなければならなくなっていた。というのは、国の新たな政策によって、計画にない大型出費が次々に出てきたからである。ひとつは、ダイオキシン対策で、厚生省がダイオキシンを基準値以下にという指導をしてきたので、市内にある二基の焼却炉の改修をしなければならず、これに億単位のお金がかかることになった。それから、二〇〇〇（平成一二）年までに小中学校を耐震壁にするようにという通達も出されてきていた。さらに、介護保険の実施にともなう出費がかなりかかることがわかっていたのだ。

東京都も、税収が四四〇〇億円も落ち込んで、財政の逼迫化が桁ちがいに大きいなかで、「財政再建推進プラン」を出して、大幅に福祉予算などをカットしてきていた。だからといって、東京都が削った分を全部、市町村が補填できるかというと、そんなことはできない。

どうやってこの財政窮乏に歯止めをかけ健全財政に向かって舵を切り換えていくか、どうやって公債費比率の上昇と基金の減少に歯止めをかけていくか、ということが第一の課題であった。そういうなかで、下水道料金への消費税賦課、国民健康保険税の改定、再開発の問題などが、先送りにされてきていた。私は、こうした負の遺産を、私の任期の四年間で、できるかぎり片づけたいと思っていた。

それに対しては、与党とのあいだに見解のちがいがあった。与党の基本的なスタンスは、「市の財政窮乏化は前市政から引き継がされた課題であって、あなたにその責任があるわけではない。

だから、あなたが深刻に責任を感じる必要はない。それよりも、少しでも市民負担を少なくして、先に進むのが、あなたの取るべき道なのだ」というものだった。しかし私は、次に誰が市長になるにしろ、問題を先送りにはしたくなかった。市にお金がないために、私はやりたくてもやれないことがたくさんある。こういう思いを次の人には極力させたくない。問題を先送りにしたら、先にいって消えるかといったら、そういうことはない。先送り、先送りされてきて、私が引きついだのだから万難を排して取り組んで、できる限りマイナスを少なくしたいというのが、私の考えだった。

そのためには、そもそも市の抱えている財政条件は、どういうことであるのか、市が固有にもつ税源が期待できるのか、どういう市政の考え方から今日の財政衰退化を招くようになったかを知らなければならない。

国分寺市にあるめぼしい企業は、ＪＲ鉄道総合技術研究所、日立製作所中央研究所と、株式会社リオンの三つだけで、しかも前の二つは研究所であって、利益をあげる企業体ではない。あとは、駅周辺にごくふつうの商店街がある程度だ。そして、奈良天平時代の武蔵国分寺史跡など一種の観光資源につながるものがあるにはあるが、近郊農業、植木をはじめとする緑が多い地域というのが、国分寺のメリットである。ただ、中央官公庁や全国的な大企業を定年退職した方々が比較的多く住んでいるので、市民税に関しては、わりあい堅実な税収が期待できる市である。

財政が悪化した大きな原因は、主に二つの事業だった。一つは、ＪＲ国分寺駅北口再開発のための土地買収に、バブルの最盛期をはさんで、合計三一八億円もつぎこんだことだ。それらの土地は、いまは金網が張られ、立て札がたてられ、ペンペン草が生えたまま放置されている。

もうひとつは、下水道事業だ。おかげで、下水道の普及率は九八パーセントに達し、ほとんどの地域に下水道が完備した。それまで毎年のように起こっていた市内を流れる野川の氾濫、それによる床下・床上浸水、不衛生な状態は克服できたけれども、そのかわりに、莫大な借金が、市に重くのしかかってきたのだった。

国分寺市の人口は現在は人口一一万人強だが、下水道事業は、一四万人にまでふくれあがるという予想のもとに作られたために、管も非常に大きなものを使っているから、その分、お金もかかっている。下水道には合流式と分流式という二つの方式があって、合流式は、生活廃水の汚水も降った雨水も、全部一カ所にまとめて流してしまう方式、分流式は、汚水と雨水を分けて流す方式なのだが、国分寺市は、どこもかしこも合流式でやっている。どうして他の市町村のように、合流式と分流式とを分けてやらなかったのか、という批判はかなりあったのである。他市の下水道工事は分流式にしたり期間を延伸したりして、財政への負担を軽くする試みがされていたが、国分寺市では、そういう議論はされなかったようだ。

「財政白書」に市民と議会が正反対の反応

以上のような条件と施策の経緯を伴ったものならば、これを克服するためには、一市長の施策ということだけではなくて、できるだけ多くの市民の方に、国分寺市が抱えている財政の現状と、そういう財政状況がどうして生み出されてきたのかの経緯と、財政の仕組みをできるだけ理解していただいて、市民の力を蓄え、協力していただき、いっしょに克服していくにこしたことはないのではないか。それが市民本位の市政を形作っていくうえでは、必要不可欠だというのが、私の信念だった。そこで、初めての試みだったが、市の財政白書を作成して、財政の経緯と現状、仕組みを市民に知らせようと考えた。

財政白書を作るためには、専門家の力を借りなければならない。私は、東京経済大学の財政学担当教授の柴田徳衛先生のお力に期待をせざるをえないのではないかと思った。柴田先生は、かつて東京都の美濃部革新都政のころ、請われて、都立大学から東京都企画調整局長になって美濃部さんを助けた方だが、私が市長職に就任してすぐに、数名の東京経済大学研究者グループ「多摩学研究会」の方といっしょにおいでくださって、自分たちでできることは協力するにやぶさかではないという、あたたかく、ありがたい申し出をいただいていた。そこで私は柴田先生に、財政白書を作りたいとお願いしたところ、柴田先生はこころよくお引き受けくださることになった。

それを作るためには、当然のことながら予算の裏付けが必要なので、その財政白書の性格と経費を議会に認めてもらわなければならない。ところが、ことはそう簡単に運ばない。もろ手をあげて皆さんのご賛成をいただけると思っていたのが、大きな考えちがい、甘い見方だったようだ。

これを九八（平成一〇）年の三月に議会に提案したところ、なぜ今、予算を使ってまで白書を作らなければならないのか、もし白書を作るのなら、市のスタッフで十分にできることだ、そもそも市長が考えているのは白書ではない、など、こうしたことを考える市長のほうに問題があるという議論が展開された。たしかに財政の仕組みや現状だけなら市の職員でもできるかもしれない。しかし、私は学者だったから、「身内が書いたもので客観性を確保するのは困難である。第三者の専門家の方に忌憚のない意見を出してもらうほうが、よほどいい」と思っていた。ほぼ一年以上にわたって、議会があるたびに、これが市長攻撃の大きなテーマになったのには、驚かされてしまった。

ようやく約二百数十万円の予算と、東京経済大学グループの柴田徳衛先生たちに委託することを認めてもらうことができ、柴田先生がさっそく取り組んでくださることになった。私がお願いしたのは、財政の現状だけではなくて、財政の仕組みと、なぜこうなったのかを明らかにし、市の財政再建の取り組みに、市民もいっしょに議論してほしいということ、したがって、市民の方々にもわかるように書いていただきたいということだった。先生はお忙しいなかを何度か市に調査に来られて、議会も職員も含めて、必ずしも好意的とはいえない雰囲気のなかで、関係部局の職員の話を聞いたり、資料を出してもらったりして、柴田先生一流の非常に広い視野と学識にもとづいて、九八年一二月に『国分寺市財政白書』ができ上がった。

一部一〇〇〇円で四〇〇部を刷り、希望者には市販をするということで、市民課に置くことにした。国分寺市民には、別に八ページの『市報』臨時号にして全世帯に配布した。

『財政白書』が市民のあいだに巻き起こした反応はすごく、執筆者の五人の先生方に交代で連続講座をやっていただいたときには、毎回、市民が七、八〇人と集まって、市の財政はこんなことになっていたのか、こんなに借金があったのか、『財政白書』はわかりやすい、という方がおおぜいでてきたのである。市民のあいだでは、『財政白書』はそれなりの役割を果たし、これをきっかけに、市民の中から国分寺市の財政をこの機会に勉強しようという動きが出て、それが、やがて、「国分寺市の行財政を考える市民の会」という、定年退職された方々を中心とした市民団体ができることにもなった。また、これに触発されて、いくつかの市民団体が、国分寺市の行財政に関心を向けるようになってきたことは、ひそかに期待をしていたこととはいえ、良かったと思っている。

また、近隣の、多摩地域の他の二六市やマスコミ関係者にもお送りしたところ、これを中心として、その後もずいぶん引き合いが多くて、たいへん好評だった。国立市をはじめとして、われわれも、こういうものをぜひ作りたいという反響もずいぶんいただいた。

しかし、そうなればなるほど、野党の攻撃にはすさまじいものがあった。なぜ、それほど野党が怒るかというと、北口再開発と下水道事業が赤字の一大原因だということが明らかにされたからだ。前市政に賛成していっしょにやってきた彼らにすると、不快なことだった。どうして市の事業を批判するために多額の予算をとったのか、市長の知り合いの学者グループに委託して、ある政治的意図をもって書かせたものだ、これに果たしてどれだけの意義があるのかと、多数の議

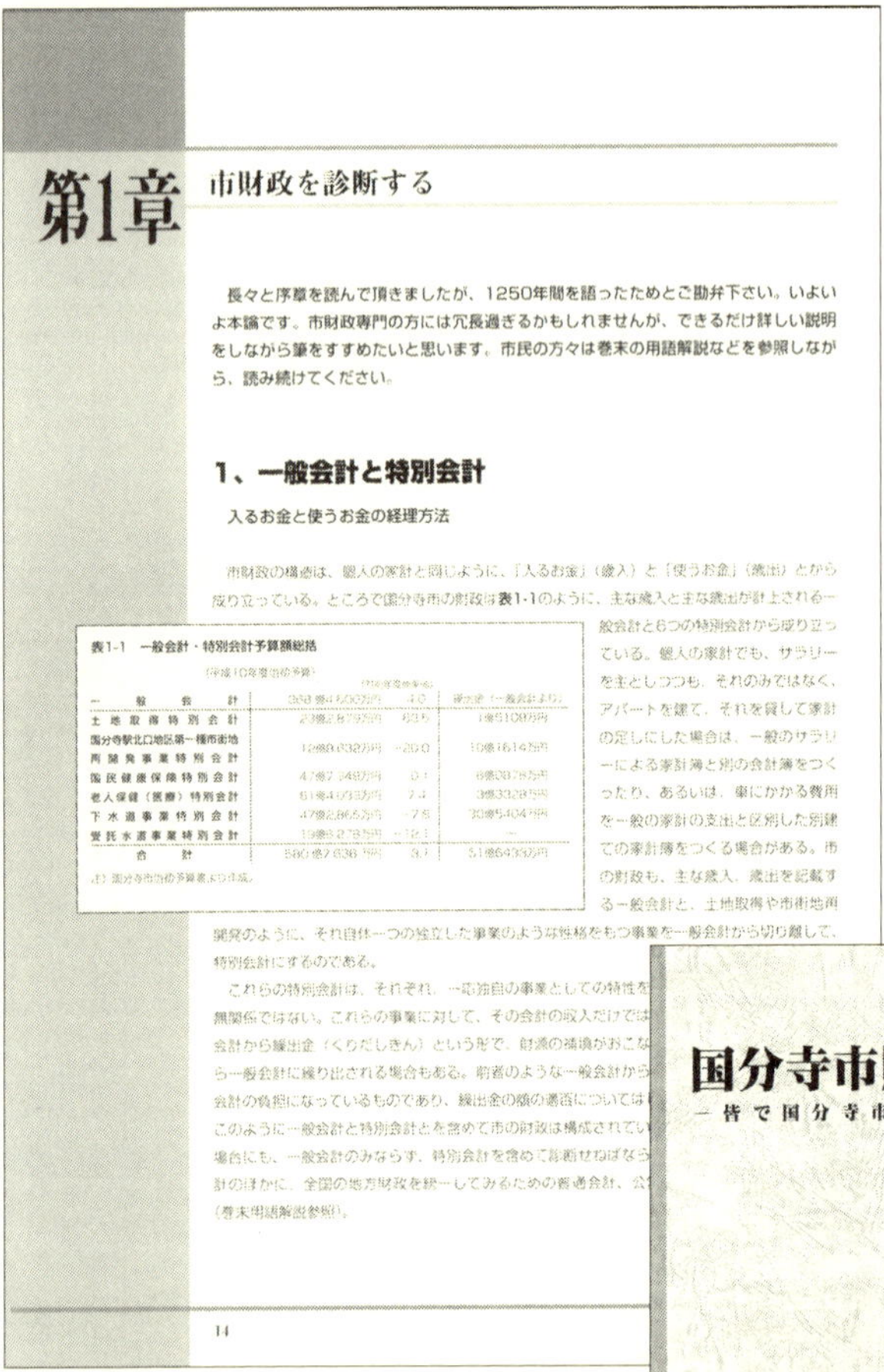

第1章　市財政を診断する

長々と序章を読んで頂きましたが、1250年間を語ったためとご勘弁下さい。いよいよ本論です。市財政専門の方には冗長過ぎるかもしれませんが、できるだけ詳しい説明をしながら筆をすすめたいと思います。市民の方々は巻末の用語解説などを参照しながら、読み続けてください。

1、一般会計と特別会計

入るお金と使うお金の経理方法

市財政の構造は、個人の家計と同じように、「入るお金」（歳入）と「使うお金」（歳出）とから成り立っている。ところで国分寺市の財政は**表1-1**のように、主な歳入と主な歳出が計上される一般会計と6つの特別会計から成り立っている。個人の家計でも、サラリーを主としつつも、それのみではなく、アパートを建て、それを貸して家計の足しにした場合は、一般のサラリーによる家計簿と別の会計簿をつくったり、あるいは、車にかかる費用を一般の家計の支出と区別した別建ての家計簿をつくる場合がある。市の財政も、主な歳入、歳出を記載する一般会計と、土地取得や市街地再開発のように、それ自体一つの独立した事業のような性格をもつ事業を一般会計から切り離して、特別会計にするのである。

表1-1　一般会計・特別会計予算額総括

（平成10年度当初予算）

		（対前年度伸率％）	
一般会計	358億4500万円	4.0	繰出金（一般会計より）
土地取得特別会計	23億2879万円	83.5	1億5100万円
国分寺駅北口地区第一種市街地再開発事業特別会計	12億8332万円	−20.0	10億1614万円
国民健康保険特別会計	47億7348万円	0.1	6億0878万円
老人保健（医療）特別会計	61億4093万円	7.4	3億3328万円
下水道事業特別会計	47億2865万円	−7.8	30億5404万円
受託水道事業特別会計	19億3278万円	−12.1	—
合計	580億7638万円	3.7	51億6433万円

（注）国分寺市当初予算書より作成。

これらの特別会計は、それぞれ、一応独自の事業としての特性を
無関係ではない。これらの事業に対して、その会計の収入だけでは
会計から繰出金（くりだしきん）という形で、財源の補塡がおこな
ら一般会計に繰り出される場合もある。前者のような一般会計から
会計の負担になっているものであり、繰出金の額の適否については
このように一般会計と特別会計とを含めて市の財政は構成されてい
場合にも、一般会計のみならず、特別会計を含めて診断せねばなら
計のほかに、全国の地方財政を統一してみるための普通会計、公
（巻末用語解説参照）。

14

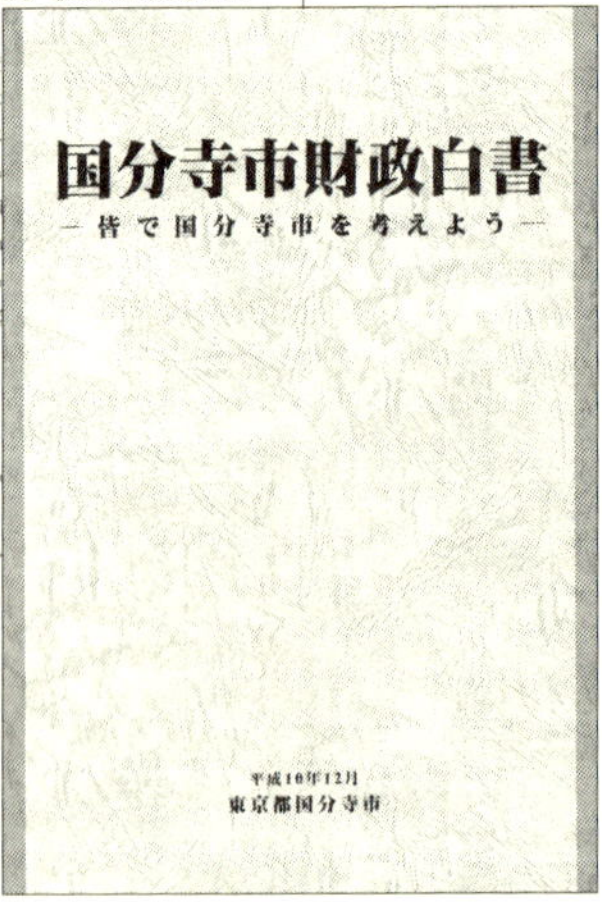

『国分寺市財政白書』

員が市長攻撃をくり広げた。

そうしたこともあって、私は庁内の全部局から部長と課長に順次、市長室に来てもらって、率直な感想を聞かせてもらった。その結果は、多少の例外はあったが、やはり自分たちが精魂込めてやったことをマイナスの評価しかしていないと、必ずしも好意的でない、批判的な感想が多かった。野党がくり返し、この問題を取り上げるのには、こうした職員の背景があるのだった。なかには、やらざるを得なかったけれども、同時にそれが借金の原因になったことも、また事実で、これも冷静に市政としては認めなければならないという、理性的な反響もあったが、『財政白書』を作ってよかったという意見は庁内や議会からはほとんど聞かれなかった。

このときには私も、ある程度こうした議会の攻撃を覚悟していたので、プラスはプラス、マイナスはマイナスと認めたうえで、国分寺市の財政の仕組みや考え方を変えていくことが、なぜ悪いのかと、真っ向から議会とわたり合った。市民の方に知っていただいて、今後どうしていったらいいのか議論をしてもらいたい、そして、考えたことを市長に寄せてもらいたい、それを参考にしていきたいと、私はくり返していた。議論は平行線をたどったけれども、正直に言えば、これは、やったが勝ちで、後悔はしていない。むしろ、もう少し先にいったら、こんどは総合的な国分寺市の行政白書を作りたいと思っていたくらいだ。

高金利債の借り換えが実現する

なんとか財政再建をしなければならない、したいと思い続けていた。それが、ある意味で画期的な形で実現することができたのが、高金利債の借り換えだ。

バブル期に、国や公団・公社の類から多額の借金をしたということは、かなり高い利率でお金を借りたということだ。その半分近くが年利七パーセント前後で、なかには八パーセントの利率で借りているものもあった。そうした高金利で借りた借金の返済が、市財政を苦しめていた。バブルが崩壊した現在は、市中銀行でお金を借りるとすると、利率はだいたい二パーセント前後になる。とすれば、いま、二パーセント前後の利率で市中銀行からお金を借りて、それで、即刻国に返すと、その利率のちがいだけ、本来は返さなければならないはずの利息分を返さないですむことになる。そうなれば、その分をさまざまな市民のための事業にふり向けることができる。与党から、そういう課題があるのだと聞いていた私は、これをぜひやりたいと考えていた。

ところが、言うは易く行うは非常に困難だということが、次第にわかってきた。東京都は、一部、借り換えを認めていたので、変換しはじめることができたが、国は、貸した時の条件をガンとしてゆずらない。利率にしろ返済計画にしろ、これこれこういう条件で貸してくれというから貸したのではないか、それを今になって、いっぺんに返すといわれても、こちらの予定が狂うから困る。したがって、原則として、それは認められないというのが、国側の考えだった。たしかに、借用書の条件のなかに、「以後、この貸借についていっさい異議は言いません」という趣旨の一項がある。

そこで困って考えたことは、これは国分寺一市だけではむずかしい。多かれ少なかれ、どこの自治体でも同じような条件で国から借金をしているのだから、同じように借金で苦しんでいる自治体に呼びかけて、力を合わせて、国に対して、返したいからぜひ返させてくれと圧力をかけようということだった。具体的には、国分寺市をふくめて五K、つまりイニシャルにKがつく国立市、小金井市、清瀬市、狛江市の四つの市に、そういう呼びかけをした。しかし、小金井市と国立市は、今急にこっちの都合だけで返したいといっても、国に迷惑をかけることになるから、同調できないといい、清瀬市と狛江市と国分寺市がいっしょにやろうということになった。しかし、具体的に交渉の段取りをつける段階で、時間的な条件がそろわず、結局、国分寺市が単独で行動を起こすことになった。

そうした企てを庁内にも、議会筋にも相談をしたけれども、実際、これを実現するためには、国とのパイプをつけてくれる動きがなければならない。幸い、自民党の長老で当時の小泉市議会議長（すでに引退）が、市民のためならと理解をして、道をつけてくれることになった。そうして、前もって担当部長や助役が何度か足を運んで、自民党の関係筋の議員や建設省の政務次官クラスに話を通じておき、その上で、私と市議会議長とでお願いにいくという段取りができた。

私は、臍の緒を切って以来、自民党本部に足を踏み入れるなんていうことは、生涯あるはずはないと思っていたが、はからずも、このときに、一回だけ、自民党本部に入ることになった。そこで、実力者だといわれていた参議院議員に会い、その方の案内で、自治省（現総務省）の審議官のところにお願いにいった。そこで、お話をしたら、「すでによく聞いてますよ。まあ、そう遠くないうちに返事をしますから。ご趣旨はよくわかりました」といって、あまり内容に関することはおっしゃらない。「ぜひよろしくお願いします」と言って、私は帰ってきた。

それから半月たつかたたないうちに、自治省（現総務省）から全国に通達が回ってきた。その内容は、「かつて国から借金した自治体のなかで、公債費比率一六パーセントを上回る自治体に限って、例外的に借り替えを認める」というものだった。つまり、支出にしめる借金の比率が一六パーセントをこえる、借金が多い自治体に限って、特例的に借り換えを認めるということだ。

これによって、約三〇の自治体が一回だけだが、高金利債の借り換えを認められることになって、国分寺市の場合では、五年間で、約一億六〇〇〇万円分の利息を返さなくてもすむことになった。国分寺市のように、年間総予算規模が三五〇億円余という小さな自治体では、五年間とはいえ、一億六〇〇〇万円、返さなければならないとされていたものが返さないですむということは、その分だけ、市民のためのさまざまな事業に使えるわけで、こんなありがたいことはない。そういう意味でいえば、壁を破った唯一の前例になった。後から、国立市や小金井市は、どうして国分寺市と一緒にやらなかったのだといって、議会から突き上げられたと聞く。

私は、そのときに、いろいろ勉強させられた。仲介にたってくれた市議会議長から「法令に書いてあることを実行するのが役人。法令に書いてないけれども、違法でないことを政策レベルの問題として行うのが政治家なんだ」と聞かされた。つまり、高金利債の借り換えも、国分寺が陳情して国分寺だけに認めたら、これは優遇（差別）になって許されることではない。しかし、公債比率がこの数字で、この条件に該当する自治体は全部、特例措置として認めるということになると、これは行政施策であって、優遇ではないということになる。なるほど、これが「政治」のやり方なのかと、私は初めてわかったのだった。

ともかく、原則として、行政上、例外は認めないといわれていた高金利債の借り換えが、特例とはいえ、一回できたことは、しかも、国分寺だけが抜け駆けにやったのではなくて、近隣の市に働きかけて、結果的に、行政措置として三〇ほどの自治体が該当するという条件の下で実現した意味は、少なくないと思っている。

避けては通れない行政改革

行政改革は、かなり早い時期から、全国的な、行政上の避けて通れないテーマであったことは言うまでもない。

行政改革については、前市長が委嘱した計画策定のための検討委員会があって、私が就任して一五日目に、その最終答申が、私のもとに出されてきた。それは、なんの変哲もない、ごくふつうの、人と出費を減らす行政改革案だった。しかし、本来、自治体の行財政は、たんに人と費用を減らせばよいというものではない。地方自治法も規定しているように、「住民の福祉の増進に努めるとともに、最少の経費で最大の効果を挙げるようにしなければならない」（第二条一四項）のだ。この改革案は、とてもではないけれども、与党の感覚からいっても、私自身の考えからいっても、そのまま認められるものではなかった。とにかく、それは参考にさせてもらう、ということで、すぐに実施には取り組まなかった。

そのかわり、それを行政改革案として市報にのせて、意見を寄せてほしいと市民にお願いした。それに対して、四一の団体、個人から八五六件もの意見が寄せられた。それから、市の東半分と西半分の二回に分けて、市民から意見をきく会を開いて、そこでも、かなり多くの市民からいろいろな意見を出してもらった。こうした取り組みは与党もたいへん喜んでくれて、全市民的な影響のあることについては、今後も、できるだけ市民総意でやっていこうといってくれた。

さて、市民の意見を聞いた上で、二七カ所を手直しし、さらに二カ所を付け加えて、行政改革案を作り、議会に出すことにした。議会で行政改革についての考え方を問われた私は、かねて考えていた行政改革についての〝市長三原則〟を景気よく打ち上げた。どういうことかというと、第一原則は、行革に聖域なし。これは、そう言わざるをえない。第二原則は、すべての行政領域に行政改革を進めていくけれども、同じようにやるのではなくて、人間の成長・発達・安全・健康にかかわる領域については、極力、行政改革の度合いを少なくする。若干の習熟をした上でならば、誰がやっても同じような行政効果が上がるような領域については、できるだけ行政改革を強く及ぼしていく。第三原則は、職員組合がこれまで市と交わしてきたさまざまな約束事については、それが合理性をもつかぎりにおいては、尊重する。ということは、合理性をもたないものについては見直すという意味を含めている。これが最後まで行政改革についての山崎三原則になっていった。

地方自治というのは、住民福祉の充実のために、最少の経費で最大の効果をあげることであり、行政改革の目的は、まさにこのことをいっていることになる。だから、住民の福祉、教育、医療、安全にかんすることは、財源がなくても一定の水準をなんとかして維持することが、自治体の役割であり、大規模再開発などは条件がそろうまで延伸し、場合によっては縮小することもありうる。

こういう私の基本的な考え方を理解してもらい、職員の知恵も出してもらって、行政改革の対象にあげうる全面的な計画を担当部が作っていった。しかし、総論は賛成でも、各論になるとなかなか賛成にはいたらない。

一番問題になったのは、環境部のゴミ収集事業を民間に委託することだった。国分寺では、ゴミ収集車には全部、環境部の職員が乗っていて、一台について三人ずつ配置されている。ところが、民間のゴミ業者は、一台について二人で、余裕があったら、自分の担当地域以外のところにも応援に回っている。それだったら、ゴミ収集は民間委託をしたほうが、はるかに経費が少なくてすむ。率直にいって、私はそうしたいと思っていた。

反対に、人員削減とはいうものの、市役所の中には、介護など福祉関係は人員を、しかも専門職を増やさなければならないし、電算化部門も、ふつうの業務をすべて電算化するというかなりの作業量があって、どうしても何人か人員を補強しなければならなかった。そうしたところがいくつかあったけれども、行政改革のなかで人を増やしたくても増やせない。だから、環境部のゴミ収集にあたっている人員を、現業職から職務変更をして、事務に移っていただける方には移っていただき、そうでない方は、配置転換によって、人を生み出していく。そうすれば、補強しなければならないところに、内部異動で補強ができるし、経費的にも工夫し得る。

ところが、与党は、やはり人員削減につながるではないかと、にわかには賛成してくれなかった。人員削減はしないと説明しても、今はしないだろうけれども、本来、職員で確保できる業務を民間に委託するのは、合理化の一環だといって、なかなか認めようとはしてくれない。労働者のための政党という立場からすると、行政改革については発言が非常に弱くなり、ましていわんや、市長がんばれとはいわない。そこの辛さもあった。

行政改革というのは、一種の合理化を伴うわけで、職員を減らしたり業務を民間委託することはイコール悪だ、革新市政がやるべきことではないという認識が、与党やこれを支持する革新系の市民の中にはあるようだ。私は、いまでも忘れられないけれども、市民の意見をきく会で、本来は、私の支持団体のリーダーシップをもった二人から、これが味方から発せられる言葉かと思うくらい、裏切り者、革新民主の敵だ、と言わんばかりの非難の言葉が浴びせられて、血が逆流するような思いをした。ぜひ、ここを変えてほしい、市長がんばってほしいというのならわかるが、あたかも市長が裏切って、合理化案でやっていこうとしているんだといわんばかりの批判をしたのだった。

しかし結局のところ、五カ年計画で順次、実現していくということで、認められることになる。野党からは、数値目標と実施年度を示せといつもいわれていたが、数値目標を示せるものと示せないものとがあるし、すべての領域で同じテンポで進めていっていいのか、という問題もある。そして、手直しをして完成した行政改革実施計画にそって、進めているうちに任期切れになってしまった。

何にしても行政改革というのは、言うは易く行うはむずかしい。しかし、避けて通ることのできない課題なのだ。

下水道料金に消費税を賦課する問題

前市政から引きついだ宿題の中のひとつに、市の下水道料金に消費税の五パーセントが賦課されていないという問題があった。私が市長に就任した時点では、当時の多摩二七市のうち、果たされていない自治体が二つあって、それは、国分寺市と日野市だった。

与党の共産党は、消費税を下水道使用料に賦課することについて、たいへん難色を示していた。およそ市民負担を増やすことについては反対だというのが与党の立場で、消費税を賦課することは、それだけ市民負担が多くなるというわけだ。しかも、選挙公約の前市政を批判したなかで、下水道料金への消費税賦課についてもふれている。当選したら云々ということは書いてはいないのだが、ひっくり返して読めば、そういうことはしないと読める。野党が公約違反だと責めてきたら、防ぐのはむずかしいと、与党はいう。

それでは、消費税はそれまで支払っていなかったのかというと、そんなことはないわけで、一般会計予算からきちんと国へは支払っているのだ。その額は七〇〇〇万円になる。つまり、大口企業がたくさん使っていても、その分の消費税も市民のみなさんからの税金で支払っていることになる。これは、かえって不合理ではないだろうか。したがって、下水道料金に消費税五パーセント分を加えようではないかという条例案を作って議会にはかることにした。

この問題は、下水道なので、最初に建設委員会にかけて、それから本会議にかけることになる。ところが、消費税を賦課する条例改正案を建設委員会にかけたところ、採決のときに、野党はみんな反対、与党の議員は棄権して部屋を出ていってしまった。あまりにも政治的に波紋が大きかったからだろう、本会議のときには、与党も採決に加わって賛成したが、条例は否決された。それくらい、与党は消費税賦課に難色を示していたのだ。

これが、非常に大きな政治課題になったころ、私はまだ慣れなくて、市長会に行ったときに、そのことを雑談でこぼしたら、三鷹市長(当時)の安田養次郎さんが、見かねたのか、「山崎さん、その種の問題は、政治的評価じゃない。法律が変わって徴収することになったら、法律の通りにやりますというのが、一番いい。私はそうしている。この種の問題に主観はまじえない。消費税に反対だったら反対でいいし、賛成だったら賛成でいい。しかし、かりに反対でも、現に制度で国に納めることになっている以上、それにあれこれ政策論でオブラートをかぶせたり丸めちゃったりしたら、自分で苦しむだけだよ」と、アドバイスをしてくれた。しかし、それ自体、国分寺市では与党の賛成するところとはならなかったのだ。逆に与党は、「こういう問題は、行政論、財政論だけで考えてもらっちゃ困る。政治論として考えてもらわなきゃ困る」というのだった。

結局、九八（平成一〇）年三月議会では条例案は否決されたが、市議選をはさんで九九年の九月議会では、賛成二三、棄権三、反対一で通過した。所帯あたりの負担増は、平均して八八円になるが、これで、市税七〇〇〇万円が市民のための他の事業に使えることになった。

ここで、ぜひ、付け加えておきたいことは、この種のものは、国分寺市にとっていいか悪いかということだけではすまないということだ。他の自治体がきちんと賦課しているものを、国分寺市が市民に賦課していないということは、それだけ国分寺市は財政に余裕があるとみられて、東京都からは「では、補助金もいりませんね」といわれるのだ。東京都からは、調整交付金や振興交付金という補助金があって、国分寺市の場合は、毎年各三億円もらっている。しかし、国分寺さんは余裕がおありなんでしょうから、それはいらないのですね、というふうに東京都から言ってきて、かなり減額されてしまったことがある。これは、条例案を通したときに従来通りくれることになったが、そういう余波があって、とにかく悪戦苦闘をした結果、消費税の賦課を認めさせたという思いがある。日野市は、その前に賦課に切り換えていたので、国分寺市は多摩二七市のなかでは、最後の市になった。

国民健康保険税の改定をめぐる動き

国民健康保険は赤字で、これも、持ち越された課題だった。国民健康保険は、健康保険組合や共済組合などほかの制度に加入していない人たちのための社会保険制度で、市が特別会計によって運営している。市民の三割が加入しているが、高齢者の受診の増加、成人病などの長期治療の増加、医療技術の進歩による医療費の高額化などによって、支出が増える一方だった。かたや保険料のほうは、定額を徴収する方式よりも、所得にしたがって割り当てる方式をとっていたために、加入者の六割が負担できない低所得層だったり、不況で所得が伸びなかったことで減収していた。加えて、保険料の最高限度額は、国の設定する五三万円にたいして四〇万円と全国最低だった。そのために赤字がつづき、一般会計からの持ち出しは、赤字その他の補填で、年六億円にもなっていた。もうこれ以上の補填はできないところまできていた。

そこで、なんとか、これを解決したいのだが、これまた、議会でなかなか認めてもらえそうにない。野党は、値上げ案が出てくるのを、手ぐすねひいて待っていた。ある議員などは、自分の地盤のPR新聞で、市長が提案してきたら、われわれは否決すると、書いていた。要するに、市長は市民本位といっているけれども、公共料金の負担増をだしてくるにちがいない、それを否決したのはわれわれだ、と言いたくて仕方がないのだ。

国民健康保険の料金改定をするときには、国民健康保険運営協議会をつくって、そこへ条例改正を諮問をすることになっている。運営協議会はどの市町村にもあって、被保険者代表つまり利用者の代表、医療側の代表、そして公益代表で構成されている。市町村によっては、そのほかに議会から議員の代表が入っているところもある。国分寺市も、当初は議員代表が入っていた。

就任二年目に、はじめて運営協議会に、保険料の改定を諮問した。このときは、委員に議員が入っており、委員長は野党の議員であった。そして、どうして上げるのだと、委員長や野党がさんざん嫌味を交えた質問をしてきたりして、そのときには、通らなかった。

次の年に、やはり、どうしても改定をせざるをえないということになる。そこで限度額を四九万円にし、保険料も四〇〇〇円上げたいのだが、それではきついので三〇〇〇円にし、それも三年がかりで一〇〇〇円ずつ上げるという改正案を作って、再び運営協議会に諮問をした。その前の条例改正で、すべての審議会などに議員や職員を入れることはやめることにしていたので、運営協議会は新しい構成メンバーになっており、こんどは、たいへん理解のある答申を示してくれた。「一定の見直しをしなければならない現状はその通りだと思う。したがって、見直しは必要だとは思うけれども、本来、健康保険料は毎年、見直しをするのが望ましいのではないか。挙に高額になるような見直しではなくて、段階的に見直していくように考えるべきである」というものだった。答申を受けて、限度額はまず四五万円に、翌年四七万円にすることにした。与党も、この程度ならいたし方ない、困窮者に対する減免措置なども考慮して、これでいくしかない、ということになった。

　そこで、九九（平成一一）年の一二月議会で条例改正案を厚生委員会に出した。ところが野党は、それまで「健康保険はどうするのか、上げなくていいのか」と言っていた会派まで含めて、賛成できない、今は時期が悪いという。介護保険が始まるので、一年様子をみてから改めて考えよう、という。しかし本音は、一年たてばもう市長選挙なので、選挙直前の議会で値上げを提案させたいというのが、野党のほうの目論見だった。直前に、市長に、市民負担を言い出させておくと、選挙のときに攻撃しやすいのだ。

　ある日、夜遅くまで委員会（この問題を所管する厚生委員会）が続いていた。なかなかスムーズに保険料の改定が通らない。そこで私どもは、休憩時間に担当の保険課長や企画財政部の幹部職員を集めて、どういうふうに乗り切るか、通してもらうために、いろいろ考え方を工夫しなければいけないと、相談をしていた。

　これが、また認められないと、東京都から、「そんなに困っていないんですね、じゃあ、補助金は必要ないですね」と言われるから、とにかく東京都にも、ちゃんと誠意を見せなければいけない。それから、運営協議会にも、答申を尊重して改定にふみきりますという証しを立てなければいけない。財政当局も、やはり、この程度の是正をしてもらわないと来年の予算が組みにくくなるという。それらを考えた上で、改定案は提案をする、するけれども、値上げそのものの実施時期は一年先延ばしをしよう。来年すぐに保険料値上げにならなくても、条例だけでも通しておけば、それで運営協議会にも東京都にも、いちおう言い訳が立つ。財政当局も、たとえ来年は上がらなくても、再来年の四月には保険料が改定されるということがはっきり決まれば、一年間だったら、あちこちを切りつめて、なんとか総力をあげて予算編成に取り組む、一年間だけ歯をくいしばって我慢をするという。それで行くしかないということで、そうすることに決めた。しかし、野党はそれでも反対だという。会派を回っての調整が続けられた。

ところが、そこで、与党（共産党）はたとえ委員会は通っても、本会議では一票差で否決されると読んだのだろう。私が知らないあいだに、与党の幹事長が助役を伴って、強硬に反対していた野党四会派を回り、今回は改訂提案は取り下げるという約束をしてきてしまった。与党が政治的な約束をするというならば、野党側からすれば、与党が市長の了解なしにそんな約束をするはずないだろう、と思うに決まっている。ところが、実際は、私の知らないところで、勝手に取引をしてきたのだ。幹事長は、このことをさして、来年は通してくれるという保証を取り付けたという。口約束だけで、これがどうして保証といえるのか。しかも、幹事長は、ほかの与党議員には一言も相談していなかったし、理解してくれていた自民党良識派のところには顔も出していなかったのだ。

この問題を審議していた厚生委員会は、もう夜に入っているので、今日のところは継続ということにして、もう一度改めてこの問題について審議しよう、ということにしていたのだ。それなのに、幹事長はすでに、各野党に対して取り下げるという約束をしてきてしまっていた。

たとえ一票差で否決になっても、市側の意思は通じる。しかし、闘いもしないで撤回した、それも市長である私が知らないうちに与党の代表が撤回の約束をしたというショックは大きく、私はこういう与党に対して根本的に不信をいだいた。

残念だったのは、その翌日、職員のなかに、やっぱりそうなんだ、という反応がパーッと広がったことだ。つまり、与党は市民負担になることは嫌なのだけど、財政状況をみると値上げしないとは自分の口からいえない。だから野党の四会派の「今年度の値上げは反対」という〝条件〟提示に乗ったのではないか、というのだ。事実かどうかわからないが、そう受けとられても仕方がない。これは、担当部の職員たちの与党に対する信頼がガタッと落ちるということを意味している。しかも、こういうことは、このときが三回目で、せっかく市長と与党とを支えていこうと考えはじめていた、とくに企画財政部を中心とした市側幹部職員の、与党にたいする信頼が、またしても崩されることになった。

財源の乏しいなかで、住民福祉に重点をおいた予算作りは、なかなか大変なのだ。担当は、さまざまな手練手管を使って、どうしてもすぐにやらなければいけないか、若干は時間がおけないか、別の方法に置き換えることができないかなど、いろいろ検討して、乏しい財源の中でも、市民のための福祉予算が落ちないように、苦労しながら組んでいる。たとえば、上水道のパイプは古い材質はひび割れたり、サビがついたりするのが早いので、一定年数ごとに取り替えていかなければならない。そういうパイプの取り替えや道路工事などを、どこの地域を何メートルやるところを、今年はここを縮めて、その先は来年にしよう、というような細かい努力を積み重ねていく。そうまで苦労して、与党の言うことをほとんど呑んで予算を作っているというのに、与党が裏工作をして、職員の努力を裏切ると、職員にしたら、どうせ与党の言うことを一所懸命にやってもまた裏切られて無駄だということになる。それがほんとうにくやしかった。時間をかけても、市役所の行政体制と与党との緊密な関係を作らないと、市政は変わらない。そうやって、市役所を変えていくことも、必要なのに、どうして共産党はわかってくれないのか、とつくづく思った。

翌年になって、介護保険実施の前に受診しようというのか、老人医療費が急増して、どうしても国民健康保険税を値上げしなければならなくなった。まさに、反対派の思うつぼ、市長は市民のためになんて言うけれども、こういうふうに市民負担の値上げで乗り切ろうとするではないかと、選挙のときに使われてしまうことになった。そんなことは、素人の私でもわかるのに、与党にしてみると、値上げは一年でも先に延ばしたい、それだけのようだ。しかも、来年は通してくれるという保証を取り付けたと言っていたのに、今年は市長選の年だから絶対に値上げするな、というのだ。何のために野党と約束してきたのか。地元の固有の課題や状況については、判断力ゼロではないかと腹にすえかねている。そういうオマケまでついたのが、この国民健康保険税の改定だった。

市民の負担増は、平均して年一五〇〇〇円、月にして一三〇〇円ぐらいになる。市民のあいだからは文句は出なかった。やはり、市がこれだけ困っていること、ほかの自治体では負担していることを知ると、われわれの市だけは改めなくてすむとは、いまさら誰も思わない。

このことに関して、よく言われるのが受益者負担という言葉だ。たしかに、そういう言葉は特定の法律の中にあるが、私は行政改革の最初のときに、「受益者負担」という言葉を使わないと宣言し、担当が、受益者負担と書いてきたところは、全部、「受益にかんする負担」と書き直した。どうちがうのかというと、安易に「受益者負担」という言葉を認めると、あたかもどんな分野にも用いられて然るべき通常の行政用語のように理解されて、あれも受益者負担、これも受益者負担と、本来負担をしなくてもいいような場面でも負担しなくてはいけないかのごとく、批判を封じてしまうからだ。私は、もっと明確に、ケースバイケースで、一つひとつの事例ごとに、どのような経費について、どの範囲の人が、どの程度負担を分かち合わなければいけないか、議論をしていくべきだと思っている。

期末手当返上や賃上げの抑制など

一九九八（平成一〇）年度に、役員は三月の期末手当を、市長は一〇〇パーセント、助役は七〇パーセント、収入役と教育長は五〇パーセントをカットした。額は少ないけれども、市の姿勢を示す一つの呼び水で、そうすれば何かしら減らそうという話になってくる。議員も歳費の加算を見直そうという気運になるのを期待してのことだった。

ところが、職員組合は、そういう体質なのか、それとも作戦上そうなのかわからないが、いっさいそういうことは顧みないで、賃上げをいってくるし、正規職員を補充しろとか、休憩室を作れとかの諸々の要求を出してくる。

職員の給与については、他の自治体がそうであるように、国分寺市も国の人事院勧告に準じてやるというのが、基本的な方針だった。ところが、まずいことに、国分寺市は、地方公務員の財政指数で、いわゆるラスパイレス指数が全国一位だったのだ。ラスパイレス指数というのは、国の平均給与を一〇〇とした場合、各自治体の平均給与がいくらであるかを示す指数だ。金額にすればいかほどでもないが、ラスパイレス指数で示して一位だというと、新聞にデカデカと書かれてしまう。市の財政状況は悪化しているし、民間は不況でリストラとか解雇があって、これほどひどいのに、公務員はいったい何をやっているのか、という市民の批判は渦巻いていた。

それだけに、また例年のような賃上げをするということは、行政改革の趣旨にも反することになる。市にはお金がなくて、とても人事院勧告通りにはできないし、理事者も議員も引き下げてきたのに、組合だけに引き上げを認めるわけにはいかない。とにかく引き下げること、それから、給料のなかで不合理な部分については是正をすること、というのが、三年目の暮れのひとつの大きな課題だった。たとえば、夫婦で働いていると双方に住宅手当が出るとか、ふつう公務員は五七歳で昇給ストップなのに、定年まで昇給するなどというのは、金額がわずかでも、市民感情から考えれば許されない。

それから、役職加算というものもあった。バブルのころに作られた給与加算の仕方で、役職についている者もいない者も、部長何パーセント、課長何パーセント、課長補佐何パーセント、係長何パーセント、その他の者何パーセントという割合で、人事院勧告による改定に、さらに上積みをして支給をしていたのだ。バブルのころは、黙っていても税収が増える時代だったので、わずかのことなら、やっても予算に影響しない。そのために、役職についていない者もふくめて、役職加算という名前で割増金をつけていたのだ。それは、格差是正ということで、人事院勧告のなかでも公然と認められたという。

私は、最初から職員組合との団交には強気に出ていて、不合理な既得権の是正をするのが、けしからんというのなら、ストでも何でもやったらいいと、啖呵を切っていた。そんなことでストをやって、市民の理解が得られると思うのなら、やってみたらいいと私が言うと、まあまあまあ、そんなに気を短くなさらないで、と部長たちに抑えられてしまう。そのために、三年目の団交には、もう出してくれなくなっていて、もっぱら総務部が交渉にあたっていた。

しかし、やはりラスパイレス指数が全国一位というのは、職員組合にとっても対市民的にまずいのだろう。このときには、昇給率を一定引き下げるとともに、諸手当の改定についても、原則として、不合理な点については是正を認めるということになった。昇給ストップも五八歳で折り合ったが、そうした努力すら、市としては初めてのことだという。それで下がった金額はわずかだけれども、とにかくラスパイレス指数は、全国最高位から二、三位下がった。それだけでも、助役が伝えてきたところによると、東京都からは、「ほんとうに国分寺さん、ご苦労さまでした」

と、わざわざ電話がきたという。

四年かかって財政が上向きに転じる

私は、一九九九（平成一一）年の四月一日の職員向けの庁内放送で、平成一一年と一二年を市の財政底打ちの時期にして、二一世紀は多少なりとも国分寺市の財政を上向きに転じるようにしたい、と言っていた。そして、就任四年目の、つまり平成一三（二〇〇一）年度の段階で、やっと基金の取りくずしがストップでき、さらに、数千万円という額にとどまるものだったが、新たに積み増しすることができた。最後の年に、辛うじて約束は守ったということになる。

新しい事業に関する特別予算は別だが、少なくとも、通常の予算編成では、少しずつ基金の取りくずしを減らしていくことができたのだ。それを可能にしたのが、国民健康保険税の改定や、下水道料金への消費税賦課などなどで、そのほかにも、市が市内のさまざまな団体に対して補助金を出していたのを見直したこともあげられる。これは、補助金審査会で申請を審査して認めるものなのだが、それまでは、最初に補助金を出すときについては審査をするけれども、二年目以降の補助金の継続についてはノーチェックでずっと認めていたのだ。それを、継続する必要があるか、増やす必要があるか、減らすことができるか、それを毎年チェックすることにした。補助金の審査を厳格にしたことも、支出を抑えるのに、一定のプラスの影響はあったと思っ。また、職員互助会へ市から五〇〇〇万円の補助を出していたものを、一五〇〇万円返却させたなどということもあげられる。

財政がわずかでも上向きになれば、市として活気が出る。そうなれば、ＪＡ、商工会、青年会議所、建設業界など、経済で実際に仕事をしている方々の知恵と、市役所の人間の技術を一つにして、財政再建とまちづくりを考えてもらったらどうか。そうしなければ、今の危機は乗り切れないと、私は展望していた。

悪化していた財政を、最後には上向きにしたけれども、それにしても、与党と市長が力を合わせれば、もうちょっと実質的なやり方があったのではないだろうか、と思う。「前市長時代から引きついだ赤字は、山崎さんが作った赤字ではないから、そんなに気にしなくてもいい」という与党の感覚は、私に対して好意的に考えてくれた姿勢であることはありがたかったけれども、具体的にはとても同調できないものであった。

基金についての考え方にしてもそうだ。市は、万一お金がなくなったときのために税収上可能であった年には基金を積んでいく。東京都の指導では、国分寺市ぐらいの人口規模だったら、つねに八〇億円ぐらいは用意しておかないと、大震災などが起こった場合に困るという。その基金を毎年取りくずしていて、このままいけば、二〇〇三（平成一五）年にはゼロになって、翌年から予算が組めなくなるのではないか、という悲壮な思いであった。そんな折に、庁内で、基金について議論したことがあるが、そのときに、だってバブルのころはという話がでてきて、仰天したことがある。バブルのころは、黙っていても税金が入ってきた時代だったけれども、そういうときはいつまで続くかわからないので、市としては当然、いちおう十分な予算を組んだ上で、残りを基金に積み立てようとしていた。ところが、当時野党だった共産党は、基金に積むようなお金があったら、市民のための補助金でも何でもいいから使えと言ったというのだ。つまり、貯金をするな、ということになる。治にいて乱を忘れず、ではないけれども、どうして税金がいっぱい入ってくるときに、もっと基金を積んでおかなかったのかと思う。私は、苦しいどん底の時期に市長になったので、そう思うのかも知れないが、もうちょっと、市民の生活に責任をもつ行政、という考え方がほしいと思う。というのは、次のようなことと、裏腹だったからだ。

それは、ついに最後まで具体化できなかったけれども、今の市役所の庁舎は、国分寺市のなかでは一、二を争う老朽建物で、阪神淡路クラスの大震災がきたら、一番先に倒れるのは市役所ではないか、と言われているくらいだ。いざとなったら、市民を守るための市役所が真っ先に倒れてしまっては、どうにもならない。だから、私は、どうしても市役所を建て直したかった。少なくともその準備に入りたかった。なにも立派な高層建築を作ろうというのではなくて、市民のサイズにあった、それから、身障者の方でも人手を借りなくても議場まで行けるような、エレベーターとエスカレーターのついた、その程度の安心して使える庁舎を作りたかった。しかし、庁舎を作るには七〇億円か八〇億円かかる。どうしてバブルの税金が入ってくるころに、庁舎改築特別基金というような形で、別枠で貯めるという発想が出てこなかったのか、と、残念でならない（現在は制度化されて六億円くらいになった）。それから、国分寺市には防災センターがない。しかし、どちらについても、当時の与党からも野党からも、もちろん市当局からも何の意見も出ていない。

一一万人の市民が安心して暮らせることに責任をもつのが、市政ではないのだろうか。そのために、必要なことをできる時期に準備しようとしない。こんな無責任な市政があるだろうか。私には、与党も野党も市も、自分の在職中に面倒なことが起こらなければいいと、問題を先送りにしているとしかうつらない。与党は仲間だと思うから、ついきびしい言い方になるけれども、もちろん野党も含めて、もう少し市政の長期的なあり方について考えるところがあって然るべきではないか。

第四章　市民参画と情報公開は市政の柱

――新しい市政をめざして・その2――

市民参画と情報公開は、思いがけず当選して首長の椅子に座り、これから市政を担当するのだと気持ちを引き締めた当初から、私の市政に関する基本姿勢、中心的な理念であり、課題であった。ふつうは市民参加といっているところを、最初から、とくに市民参画と表現してきたのは、あらかじめ市が用意した席に市民の方に入ってきてくださいというだけではなくて、できるだけ市民の方たちと一緒に、状況に応じ、課題に応じて市政を作っていきたいという気持ちを含めている。そのために、有効な方法を考え、情報公開も徹底していこうと考えていた。

就任後すぐに実施した三つのこと

市民参画は、最初から私の市政方針の中心テーマであり、理念、方針だった。いうまでもなく、政治というものは予算の裏付けがあって、具体的な施策になっていく。しかし、お金がなくてもできるところから始めたいと、まず二つ、小さなことまで入れると三つのことを、就任三カ月後の一〇月一日から、実施することにした。

一つは、二四時間いつでもどこからでも市長に直接意見がいえる〝市長室直通ファックス〟で、「エコー24」と名付けた。エコーはヤマビコ、24は二四時間という意味だ。ファックスは一台買っても、そんなに大してお金がかかるものではないので、新しいのを一台買って、それを市長室の隣の秘書課のコーナーに置いてもらった。これは、私がすみやかに直接見ることに意義がある。届いたファックスは、毎朝必ず私がまず見ることにした。私が見た上で、各担当部局で処理すべきこと、あるいはできるものについては、そちらに回す。私が市政上の参考意見として知っておくべきものについては、読んで飲み込んでおく。返事を書く必要があるものについては、それほど多くはなかったけれども、口述もしくは自分でペンをとって返事を書いた。実際に始めてみると、五枚や六枚のファックスが来ない日はなかった。

それから、もうひとつは「市長と話す日」というのを設けたことだ。三月、六月、九月、一二月は、議会が開かれている月で、とても余裕がないので、それ以外の月の第一週と第三週に、週に二日ないし三日、集中的に時間をとって、一組三〇分間ずつ六組、市長室を訪ねてくれた市民の方からお話をうかがうことにした。これは、あらかじめ秘書課に申し込んでいただき、原則として申し込み順、場合によっては緊急度に応じて順番をつけて、市長応接室で、お会いする。できれば、ここは、陳情や要求の場にしたくない。それから提灯もちのようなご意見も、あまり役に立つことが少ない。広く、提言、批判、助言など、できるだけ一般的であって、これは改めていったほうがいいな、そうしたらずっと市政が良くなるなということを、できるだけたくさん寄せてもらいたいと思っていた。要するに、こうした意味で設けた懇談の場である。この「市長と話す日」は、離任するまでひきもきらずと言えば、ちょっとオーバーな言い方になるかもしれないが、今週は誰も来ないということは一度もなく、いつも順番待ちの状況だった。そのくらい、いままで市民が市長と話をする、顔を見るだけでもいい、言葉を交わすだけでもいい、そういうチャンスが乏しかったのかなあと思ったことだった。やって良かったと思うことのひとつだ。

三つ目の小さなことというのは、前市長のころから、市民課の脇のコーナーに市長あての葉書が常備してあったのを、継続したことだ。ただし、書くスペースは多いほうがいいだろうし、内容によっては葉書ではと思う方もいらっしゃるだろうし、なによりも投稿する人のプライバシー保護の必要もあるので、着信払いの封書に変えた。

この三つは、市政の柱として根底をなすものとして、私はかなり大事なことだと思ってきた。市民の方がどれだけこのことを受け止めてくださったのかはわからないが、そういう気持ちと願いで始めたのが、この三つのことだった。『市報』の題字の下のめだつところに、毎号、エコー24と、市長と話す日のお知らせは載せていたが、必ずしも市報自体を熱心に読んでくださる方ばかりではないので、そこのところがもどかしかった。

知る権利をうたい何人にも開かれた情報公開条例を制定

市民が市政の主体になるためには、市民に市政にかんする情報開示が十分に保障されていなければならない。

情報公開条例、個人情報保護条例というのは、もちろん、それまでもあったことはあったのだけれども、私が考えたのは、国分寺市がそれまでに持っている、そして、今後制定するであろう、およそいっさいの条例・規則の類で、適切でありかつ可能であるものについては、原則としてすべて情報公開と市民参画の定めを入れる、そのことを制度化しようということだった。

行政の説明責任という考え方は、日本では比較的近年になってから言われだしたことだ。欧米ではすでに、当然のことと考えられていた説明責任が、日本でも考えられるようになったのは、オランダのジャーナリスト、カレル・ウォルフレンが『日本／権力構造の謎』（早川書房、一九九〇年）で、日本について書いたことが、ひとつのキッカケではなかったかと思う。行政には当然責任が伴なうけれども、もっと日常的に、どうしてそういう行政施策や行政執行が必要なのかということを、きちんと示さなければならない、日本の行政は、その説明責任が弱いのではないか、というのがウォルフレンの批判だった。それ以来、どこでもといっていいくらい、「説明責任」が言われるようになってきた。説明責任も整わなければ、行政における真の民主主義の実現とは言えないと、私も思っている。

情報公開については、幸いなことに、私は情報法研究の第一人者である中央大学の堀部政男氏

（一橋大学名誉教授）と、個人的に昔から親しくしていたので、堀部氏に、ぜひ国分寺市の条例を一新するために、お力添えを願いたいと、頼んだ。堀部氏は快諾してくださり、非常に忙しいなかを、国分寺市の個人情報保護と情報公開の審議会に入り、国分寺市の関係条例の新たな整備に、全力投球してくださった。おかげでどこに出しても自慢できるようなものができ上った。堀部氏のような方が、一自治体である国分寺市のために全力を注いでくれたのは、ほんとにありがたかったし、たいへんラッキーなことだった。

その重要な点として、情報公開する場合、公開を請求する請求権者を国分寺市民に限るのかどうか、ということがある。この点については、神奈川県の川崎市では「何人《なにびと》も」という表現になっていて、真面目な利用目的だったら、国民の誰にでも情報を公開するということで、注目されていた。国分寺市の情報公開も、請求権者の資格を、「何人も」にしている。それから、多くの自治体の情報公開条例のなかで、市民の知る権利の保障を、きちんと謳っている条例というのは、案外に少ないのだが、国分寺市の場合は、冒頭の前文に、市民の知る権利の保障が目的にかかげられている。知る権利の保障と、請求権者を国分寺市民から「何人も」に広げたことは、今のわが国の情報公開制度のなかで考えれば、先進的なもので、誇っていい情報公開制度ではないかと思う。ただ、過渡期の常として、思いもかけないことが起こってきた。

国分寺市は、前市長時代が四期一六年と、かなり長期にわたっていて、その間、自民党など多数与党のなかの一部の議員が、職員の中にさまざまなルートで人脈の根を張りめぐらしていた。

したがって、私になってからも、組合を含めて、市役所のなかには前市長派が多く、山崎市政に対する攻撃は四年間通してやられてきた。とくに共産党に対する敵対心が強い野党のある議員は、さまざまな行政上の関係文書を使って、巻き返し、攻撃をはかってきた。ある幹部職員から、さまざまな過去の行政事実、それを裏付ける文書をあらかじめ手にいれておいて、それで、市長や部課長に対してさまざまな攻撃の質問をしてくる。ただ、そういう非合法なルートと方法で手に入れた文書は、当然のことながら、表だって使えない。ところが、情報公開の制度が整備されると、すでに手の中に握っているものを、新たにできた情報公開の制度・手続きを使って要求してくる。そうすると、それが公開される。それを自分たちの主張の証拠、根拠として活用する。そういうことが、さまざまなケースで起こってきた。

しかも、まだ意思決定していない途中段階の庁議資料まで、あれも出せ、これも出せ、と次々に要求してくる。そこまでは出せないと私は突っぱねるが、職員ははじめてのことで慣れなくて、とまどってしまう。政策の形成過程の資料はどこまで出して、どこまで出さなくてもいいのかをはっきりさせる必要がでてきて、そのための職員研修をおこなわなければならなくなった。

そうした状態をみて、私の友人の中には、「山崎、お前が情報公開に熱心なのはいいけれども、それを制度化した結果、出されてくるのは、みんな市長を攻撃する根拠に使われているじゃないか」と言う者もいた。しかし、長い目で見て、市民が自由に行政情報を使える態勢が、制度の一環として整備されることが、やはり地方自治体の民主化のためには必要だと思っていた。そのための過渡期として、それが悪用されることがあっても、私にそのとばっちりがくるようなことが起こっても、かまわない。長い目で見たら、こういう手続きが使えるんだなあということが、市民の中に定着すれば、それでいいではないか、というのが、私の考え方だった。したがって、ずいぶん迷惑もこおむったけれども、私は、この時期に、集中的に情報公開を国分寺市の行政制度の中に制度化したことは、まちがってはいなかったと考えている。

行政のほうの情報公開は進んでいったが、議会のほうのリアルタイムの情報公開が、最後までできなかったことは残念でならない。議会で、どういうことがやられているのか、どのように議論されているのか、私は市民の方々に直接、自分の目で見て、確かめてほしかったのだが、第二章でも述べたように、議会のテレビ放映など、与党すら消極的なこともあって実現にはいたらなかった。

諮問機関・審議会のすべてに市民参画を導入

行政を透明にし、民主的にするために、さまざまな審議会や諮問機関のあり方や機能を定めている条例を改正し、ほとんど例外なしに、情報公開と市民参画を入れようと考えた。そして、諮問機関などには原則として議員、職員は委員として加わらず、かわりに、有識者、公募した一般市民を入れるということも、盛り込もうとしていた。

市役所内部のプロジェクトチームがまとめた、はじめの案では、たとえば、「会議の公開」「市政への市民の参加を促進し、透明かつ公正な付属機関の運営を図ることを目的とする」「市民各層の意見が市の施策に十分に反映でき、かつ公正を確保しうる委員構成とすること」「一定数の委員を公募すること」「市議会議員は……委員としないこと」「委員の在任期間は原則として八年をこえないものとする」「男性委員、女性委員の構成割合は、それぞれ全委員の三割以上となるよう務めること」などとなっており、できるだけ人を新しくして、透明性を高めようというものだった。

それを、「国分寺市付属機関の設置・運営および会議の公開に関する条例」としてまとめ、一九九九（平成一一）年六月議会に提案した。

私はひそかに、これが成立すれば、内容的には先進的な条例になるだろうと思っていた。しかし、手続きの点でミスがあって、いったん取り下げることになった。

ミスというのは、こういうことである。通常、プロジェクトチームの結果がまとまると、内部的な「要綱」という形にする。しかし、担当の総務課では、この際、要綱という地味なものではなくて、一段格上げをしようということで、「規則」という形で作ったのだ。その規則をもとに条例を制定して、議会に提案をした。そのことが、あらぬ問題を引き起こすことになる。キッカケになったのは、『東京新聞』の報道で、本来、条例にもとづいて定められるのが規則であるはずなのに、まず規則があって、それをもとにして条例を作ったのは順序が逆ではないか、という指摘だった。しかも、東京都や自治省のコメントまで載せている。あとから事情通の職員が言うには、新聞記者がこれだけのものを書けるはずはないから、内部から誰か情報を流した人間がいるのではないか、ということだった。しかし、とにかく、そういう疑念がでるのは好ましくないので、いったん取り下げて、作り直すことにした。

作り直して、再び提出したものに、またクレームが二つついて、また取り下げることになってしまった。ひとつは、審議会の規定に「法律または条例により、市長その他の執行機関が設置するもの」とあるのに、その他の執行機関、つまり教育委員会、選挙管理委員会、監査委員会、農業委員会などの了承をあらかじめとっていなかったことだ。急いで作ったので、その時間がなかったのだが、この点は、たしかにまずかった。

もうひとつは、人事は市長の専権であって、市の付属機関のメンバーをどうするかを条例でしばっていいのか、という意見である。職員のなかでも、議会のなかでも、そういう意見が出されたが、これについては、私が「法治主義の憲法の下では、市長の専権事項といえども、その理念と原則は、きちんと客観的にわかるように条例という形で示しておくのが大事だ」という趣旨の発言をしたら、それからは誰もそのことを言わなくなった。

二回も取り下げになったので、職員は臆病になってしまったのか、任期は八年までとする、とか、男性女性をそれぞれ三割以上とする、という数字に関するものは全部削ってしまった。私は削る必要はないと不満が残ったが、条例はつぎの九月議会では、すんなり通すことができた。

その基本条例にてらして、個々の審議会、委員会などすべての条例を逐一、改正していかなければならない。その数は二〇〇近くもあり、総務委員会では、それだけに三日かかったほどだ。

しかし、一二月議会で一通り終えることができた。

条例にしたがって、各審議会などの委員が新しくなった。有識者、公募による一般市民を若干増やしたけれども、トータルでは従来よりも委員の数は少なくなり、その点では行政改革の目的にもかなうものになった。

これに関して私がやったことがもうひとつある。審議会委員に委嘱する場合、条例の常として、「公共の利益を反映する団体あるいは個人」という条項が入っているのがふつうだが、それが、形式的なものになっている場合が少なくない。一例をあげれば、地域保健福祉整備のためのセンターの場合で、公共性を反映させるためのポストに、商工会、農協、ロータリークラブ、市の老人会といった団体が入っていた。しかし、高齢者福祉のために活動を続けてきた市民団体があるし、障害者福祉でも、母子福祉でも、同じようにあるので、私は、審議会に、もっと公共性を反映させるために、可能なかぎり、実践運動を積み上げてきている団体の方に、入れ替えることにしたのだった。

地方分権一括法から住民参加の公民館運営審議会制度を守りぬく

国分寺市は、これまで、社会教育については、職員と住民との協力による実践が全国的にも非常に高く評価された地域で、小さな市だけれども、五つの中学校区に、それぞれ一つずつ公民館と図書館を置いてきた。つまり、五つの公民館があって、それぞれに、社会教育法にもとづいて、八名からなる運営審議会が置かれていた。

当時の社会教育法（地方分権一括法で〝改正〟される以前の同法）の二九条では、公民館運営審議会というものを必ず置く機関として定めており、二八条二項では、公民館長を異動する場合には、事前に公民館運営審議会の意見を聞かなければならないという条項があった。

私は、昔、恋ケ窪公民館の運営審議会委員を二期四年やったことがある。そのときに、ある公民館に献身的なすばらしい女性館長がいらっしゃったのだが、その館長を、それまでの公民館が規模拡大して新しくでき上がったと同時に、ほかの公民館に異動させるという案が、公民館運営審議会に諮られてきた。さんざん苦労をさせておきながら、新しくなったとたんに異動させるのは許しがたいといって五館すべての公民館運営審議会が、この異動まかりならぬといって拒否をした。そこで強行したら法律違反になるので、当時、教育委員会はその異動を取りやめたということがあった。このことでわかるように、どんなに良い制度があっても、それをきちんと活用するという認識がなければ、意味はない。私はたまたま、公民館運営審議会の委員をしていたときに、そういう経験があった。

ところが、社会教育法二八条二項が規制緩和の名のもとに、地方分権一括法で取り去られることになった。地方分権一括法というのは、その一つの法律で地方自治法をはじめとして四七五の法律を全部一括して、直すという法律である。

戦前の日本では、公民館が国策を国の津々浦々まで周知徹底せしめるための指揮命令の先端基地のような役割を担わされていた。その反省もあって、戦後改革のなかで、新たに公民館運営審議会が作られ、公民館の運営に住民を参加させる規定が取り入れられたのだった。意味合いは少しちがうけれども、もうひとつ、戦後改革の重要な成果として、いままで残っていて活動しているものに、司法行政における検察審査会というものがある。私の考えでは、検察審査会と公民館運営審議会というのは、行政への国民参加という意味で、この二つは第二次大戦後の諸改革のなかでも特筆されるべき成果だし、これまで守りつづけてきた貴重なものだと思っている。

地方分権一括法というのは、規制緩和がうたい文句になっていて、規制を外して自治体を自由にしなければならないという言い方をしてきている。たしかにそういう面はあることはあるけれども、私は、社会教育法の改正については、これは〝規制緩和〟ではなくて、社会教育法がいっている地域住民の学ぶ権利、学習権の保障を骨抜きにするのではないかと、かねてから言いつづけていたし、雑誌の論文にも、そういうことを書いてきた。

公民館運営審議会のほかにも、図書館法を改正して、図書館長は司書の資格を持つものでなければならないというのをやめたり、公民館には主事を置かなければならないというのを、専門資格を持たない職員でもかまわないとしたりしている。これは、国民の学習権保障を、ひとつずつくずしていくことにつながると、私は思う。

ほかの市町村でも同じような問題が起こっているのではないかと思うが、社会教育法の二八条第二項が削除されたことにともなって、国分寺市の教育委員会のなかでは、「国分寺市立公民館設置及び管理に関する条例」からも、その部分を削除すべきではないかという議論が起こってきた。それとともに、五つの公民館のそれぞれに運営審議会がおかれていたのを、一つにまとめるという意見もでてきた。

これについて、館長と職員の代表八人で作った内部の検討委員会が一年近く侃侃諤諤やった末、折り合いがつかなくて、両論併記の答申が教育長に出されてきた。両論というのは、従来のやり方を残すというものと、国にならって改正するというものだ。いっぽう、館長会議では、国の法改正に見合った圧縮案のほうが多数意見で、それを条例改正案としてまとめていた。その内容は、館長人事を運営審議会に諮ることをやめる、「定例的に開く」を「必要に応じて開く」に改める、審議会メンバーの選出母体の区分を、関連領域から館長が選ぶことにする、審議会委員を五館に八人ずついるのを七人にする、というものだった。

それに対して、五館の公民館運営審議会の会長の連名で、委員の数を八名の現状を維持してほしいという文書が教育長あてに出されてきた。もともと一三人だったのが一〇人になり、八人になって、すでに二度にわたって減らしてきている。地域の住民の総意を反映させるためには、これ以上減らすと、その機能が衰えるというものだった。

国分寺市では、従来から、当然のことながら「地方教育行政の組織及び運営に関する法律」（地方教育行政法）の定めるとおり、教育行政に関して、教育内容と教育方法については、もっぱら教育委員会に委ね、教育職員の定員や教育関係予算等の外的事項についてのみ、教育委員会の自主性と専門性を尊重しながら市長サイドの責任において決めるということでやってきた。社会教育においても然りである。

だから、教育委員会の内部でそういう動きが起こってきても、それが正式に市長のもとに報告されないかぎりは、私としては何も言えない。そこで、教育長が、五人の公民館運営審議会会長連名で教育長あてに出されていた文書だけを、私のところに持ってきたときに、報告を聞いてからの意見交換のなかで、両論併記のうち、これまで果たしてきた機能を残すほうが私の本意だということを伝えた。ところが、その後、いっこうに教育委員会の結論が出てこない。教育長は、おそらく国の動きと地域からのうごきの板ばさみになっていたにちがいない。

いまの教育行政のいちばん基本になっているのは、地教行法だが、その二九条は次のようになっている。「地方公共団体の長は、歳入歳出予算のうち教育に関する事務に係る部分その他特に教育に関する事務について定める議会の議決を経るべき事件の議案を作成する場合においては、教育委員会の意見を聞かなければならない」とある。つまり、条例制定権は市長だけにあるということだ。それから、地方自治法にはべつに「地方公共団体の長は、……あらたに予算を伴うこととなるものであるときは、必要な予算上の措置が適確に講ぜられる見込みが得られるまでの間は、これを議会に提出してはならない」(二二二条一項)とされている。そして、自治体では条例制定権は市長だけにあって、教育委員会から条例制定を提起する権限はないということだ。したがって、教育委員会の独自性とはいいながら、それを条例の形で出す場合には、かならず市長の手をへなければならない。

私が出す以上、内容について責任を持てるものでなければならない。しかし、教育委員会の自主性からいって、ああしろこうしろということは市長にはできない。そこで、「地教行法の二九条にもとづいて、正式に意見を聞きたい」と、教育長に伝えた。教育委員会では国の法律との整合性を取るとか、行政改革とのからみとか、いろいろなことを言って、さっきふれたような条例改正案を用意しているのはわかっていたので、私は、「そういうことだったら、私は内容に責任が持てない。条例制定権は市長だけにあるので、もし次の教育委員会でそうしたものを議決して、これで提案してくださいといっても、私は提案できない」と伝えた。しばらくして、私の考えのようになったと、教育長から知らせてきた。

地方分権一括法では、地方自治体の条例は独自の判断で、法律と抵触しないかぎりは、自由に決めていいということになっている。それならば、市の条例から削ることもできるし、残すこともできる。私は、これでも法律家のはしくれで、行政に対する住民参加が存置されている貴重な公民館運営審議会制度を守りたいと思っていたので、ここで突っぱらなければどこで突っぱったらいいのか、首長の権限はこういうときに使わなければ意味がないと、がんばって、国分寺市ではいままで通りにすることに成功した。

ただ、このまま八人でいくか、七人に減らすかというのは、非常にむずかしい問題で、行政改革実施計画では、公民館についても運営審議会の委員の定数について一定の見直しを行うと書いである。私の考えは、できれば現状維持でいきたいけれども、八人だったら地域住民の意向が反映できるけれども、七人だったら反映できないかといったら、そんなことはないわけで、この際、公民館にも行政改革の痛みを分け持っていただくことも、利用者に今のきびしさを知っていただくためには仕方がないのではないか、というものだった。もちろん、予算が七人分になっても、運営審議会独自の判断で、予算は七人になったけれども、うちは八人でやっていこうとか、一〇回分の予算だけれども、うちは一二回やろうというのは、いっこうにかまわない。そうすると、一回ごとの委員の報酬は少なくなるけれども、報酬の額ではないだろうと、ほんとうは言いたい。

一人ずつ削って、七名にする。そのかわり、各館存置は手を加えないというのが、私の方針だった。結果的には、その通りになった。

しかし、大変がっかりしたのは、国分寺の社会教育運動は意識が高いと思っていたけれども、少し過大評価をしていたかと思ったのは、住民の側からは、審議会委員を減らすなということしか要求して来ず、公民館運営審議会の各館存置を守れという意見は、少なくとも市長のもとにはまったく出されてこなかったことだ。国の狙いは明らかに、住民参加の公民館運営審議会という制度を、できれば削りたいところにある。そのことを規制緩和論で出してきているので、当然、国分寺市についていえば、五館を一館にまとめろ、というのが強い意向として、見えていた。ここに手をつけるべきではないと、私は考えていたが、公民館運営審議会や市民からは、そういう意見が、陳情など文書の形ではまったく出てこなかったのだ。さらに、館長人事の事前諮問制の削除についても、公民館運営審議会から何らの意見も出されなかったことが、意外でもあり残念でもあった。

地方分権一括法の説明をしておくと、一言でいえば、規制緩和と地方分権だから、やる気になれば、いままでよりは市町村の自主性が保障されることになる。ただし、いちばんのネックは、地方分権とはいいながら、税制改正、財源分権はまったく伴っていないことで、権限だけ与えられても、財源がないのではどうしようもない。

ところで、地方の自主性ということで、規制緩和と地方分権を受け止める自治体がどれだけあるのだろうか。かりに首長の段階で受け止めても、それにきちんと対応する議会や職員がどれだけいるだろうか。そう考えると、お金をくれないで分権だけされても負担が大きくなるだけ、面倒臭いから国でやってくれないか、あるいは東京都でやってくれないかと、そういうことになる恐れはかなりあるのではないだろうかと心配になる。現に国分寺市でも、国が法律を変えると、それとの整合性とか行政の一貫性とか、もっともらしい言い方で右へならえをする動きがでてきている。

憲法体制の崩壊というのは、毎日といっていいくらい、私は痛切に感じている。大きな枠組みだけでも、よくもっているものだと思わざるをえない。毎日、時々刻々崩されていって、あるいは骨抜きにされていって、一定のところまでくると、なにか圧力がガッとかかると、ガラガラと音をたてて崩れるのではないかと恐れている。制度疲労という方もいるけれども、制度疲労というのは制度をきちんと目的通りに使っていて、その結果疲労が蓄積されてもたなくなった場合のことを言う。最初から歪めたり、さぼったりして、それで制度疲労ということはできないと私は思うが、どうだろうか。

行政と市民の協働で行った二つの事業

行政と市民との協働で、まちづくりをしよう、というワークショップ。その国分寺での第一号が、日立中央研究所の森の南側、ＪＲ中央線との間を通る遊歩道の市道二二九号線だった。市報で呼びかけて、公募した住民の方々に集まってもらって、もちろん、市側からも担当者がでて、道幅から、街灯をつけることから、デコレーションから、どういうふうにやったら、市民にとっていちばんいいかを、何度も相談を重ねて決めてもらった。もちろん、日立研究所の中の湧水も、ちゃんと保存をし、将来の遊歩道の一環に役立てるにはどうしたらいいか、などの課題も含めて、話し合いは持たれたようだ。その方式がわりあいうまくいって、それに従って整備が行われ、すでにでき上がって住民の利用に供されている。これから作っていくほかのところも、できるだけこのワークショップ方式で、それぞれの住民と行政がいっしょになって、作っていこうではないか、という動きになっている。

二つ目は、第四小学校を新しく建てることになり、建てるについては、私は住民参加でやりたいと思っていた。少子化の問題もあるので、このときを除いたら、近い将来において新しく学校

遊歩道として整備された市道229号線。右は日立中央研究所

を作るということは、国分寺市ではないだろう、この機会に、父母と教育委員会とが一緒になって、地域参加、父母参加で、古いしきたりにこだわらない新しい学校の図面を描きたいというふうに思ったのだ。

新しい学校作りには、すでに福島県の三春町というところに事例があって、従来の学校というイメージにとらわれない学校を作られた教育長さんがおられた。私も、市長になる前に、三春町に見学にいって、これは斬新ないい学校作りだなあと思っていたので、当時の武藤教育長さん（故人）を国分寺市にも一回お招きして、お話をうかがったことがある。

教育委員会は、外からの意見を入れることに抵抗感があったのか、最初は、各学校から選んで作った内部検討委員会を作ってやっていた。しかし、途中で私が、基本的な計画は住民参加でやってもらいたいとお願いしたところ、教育長は第四小学校建設検討委員会を作り、そこに学識経験者、父母代表、地域代表を各二人くらいずつ入れて、武蔵野美術大学の建築関係の先生に委員長になっていただいた。

ただ、こういうときに、いい人材を知っている場合、首長たるものがどこまで公の目的にてらして、人事にまで口をはさめるのか、そのへんの呼吸が、私にはわからなかった。一つの原則を踏み外すと、行政を私の感情で左右するというそしりを免れないということが、ありうる。私は清潔を旨としているだけに、ためらってしまうが、あまりフェアにということに気をとられすぎると、こんどは、行政に対する首長の意思が生きないということもありうる。そういうことで悩んだ事例は、いくらでもあった。

第五章　住民福祉増進の苦労と張合い

――新しい市政をめざして・その3――

介護保険をめぐる苦闘と医師会

介護保険は二〇〇〇（平成一二）年四月から実施されたが、国分寺市における介護保険制度の実施導入について、思うことはいろいろある。

まず、国の制度の実施が、トライアンドエラーと言っては言い方が悪いが、朝令暮改の連続だったということだ。

実施に先立って、ほとんど毎週といってもいいくらいに、関係部課長会議という規模で説明会が召集されて、担当者が厚生省（現・厚生労働省、以下同じ）に行くのだが、たとえば保険料ひとつとっても、しばしば数字の基準が変わる。はじめは二五〇〇円といっておきながら、計算し直して三三〇五円だと言い直し、それもまだわからないという有様で、試算をくり返していた。そうすると、一回変わるたびに、コンピューターのプログラミングを全部変えなくてはいけないので、市町村の担当者にとっては、ものすごく大変な作業になるのだった。それが、ひどいときは一週間に二度も三度も変わることがある。あるときに、「そうたびたび変えられたら、たまったものではない。何とかしてほしい」と訴えたら、説明に来ていた厚生省の係官が、「わかりますけど、私たちも被害者なんですよ」と言ったというから、厚生省も困っていたにちがいない。それは非常に象徴的な出来事だった。朝令暮改もいいところで、政府与党のなかで実施についての方針が変わるたびに、その都度数値が変わる。それが、どれほど現場を圧迫し、混乱を招き、労働強化になったことか。その苦労は、なかなか一言では言えないものがあった。

しかも、実施の数カ月前になって、政府与党の亀井政務調査会長（当時）が、保険料の徴収を半年間凍結すると言いだした。総選挙目当て以外の何ものでもなく、許せないという声は非常に強いものがあった。全国市町村会は、前から、実施は一年延期してほしいと言ってきたのに、それは認めないで、こんどは保険料の徴収だけを延期するという。制度が実施になって、徴収が凍結すれば、その間、市町村が穴埋めしなければならないではないか、この段階になって何なんだ、といって、緊急に全国市長会と全国町村会が意見書を出した。最終的には、六五歳以上の一号被保険者については半年間、保険料を徴収しない、さらに向こう一年間、保険料を半額にすると、与党のトップ会談で決まり、その穴埋めは、補填してくれることになった。

介護保険が実施になると、それまでの老人保健法にもとづく老人医療費の経費の一部が介護保険制度のほうに移行されたりする。新しい費用の分担が最終的にどんな仕組みになって、国が保険料をいくらに設定するかなどが、最終的に決まらなければならない。そのことが、予算の組み方を非常にむずかしくした。それから、一年以上も前から、「国分寺市はどうするのか、市長は前から、介護保険になっても福祉はぜったい後退させないと言っているけれども、ほんとうにできるのか」という野党の質問にたいして、私が「これまでの介護、福祉のレベルはダウンさせません。最低限、それを維持します」と言ってきたことが、さらに予算の組み方をむずかしくした。

つまり、介護保険になると、行政の措置ではなくて、利用者がサービスを契約のもとに買うことになるから、持ち出しは、どの程度のサービスをするかによって、ちがってくる。厚生省の出した基準は、いわば最低のスタンダードで、それだけだったら何とか対応できるのだけれども、これまで国の基準よりも上乗せしてやってきていたものを維持していくことになると、その分は市が負担をしなければいけなくなる。そういったお金がものすごくかかるのだった。

たとえば、老人ホームに入っている方が自立と判定されると、ホームを出されることになってしまうが、そういう人も含めて、国分寺市は、たとえ一般会計から持ち出しをしても、いままでの水準は維持しようと思っていた。それから、国分寺市は福祉の基盤整備がたいへん遅れていて、特別擁護老人ホームが一つしかなかったので、その倍の規模の第二特別擁護老人ホームの建設を早めることもしなければならない。在宅サービスも、ホームヘルパーについては、いままでの水準を維持していきたいと思うけれども、どういうサービスをするのかというのは、一人一人のケアプランによって決まってくるだろう。そういう予算上のむずかしさは、担当が工夫し、叡智をしぼってくれたので、この点は、なんとかクリアすることができた。

国分寺市の場合、もうひとつやっかいなことがあった。

すなわち、介護保険を実施するために、どこの自治体でも在宅介護センターを作るが、在宅介護センターは、本来なら民間の事業者が参入してきてもいいはずで、少しでも安くやってくれるところに頼んだほうがいいにきまっている。ところが、国分寺市はそれまで、全部、医師会が責任をもってやるということで、民間の進出を認めていなかった。市が五億円出資して作っている健康福祉サービス協会というのがあって、そこと医師会がタイアップして、外からの介護福祉事業者を拒否する姿勢をずうっと取ってきていたのだ。

そうした考えのもとに、国分寺の医療福祉に関する計画が、前市長のころに出されていた。その計画は、サテライト方式といって、保健福祉センターを拠点にして、あと五つの中学校区にそれぞれ分館を作る。そして、地域のお年よりのために、常勤の医者や看護師なども置き、医療設備も整え、一時入院のためのベッドも置く、というものだ。それは、国分寺方式と呼ばれ、当時の厚生省は全国モデルにしたいとすら言っている。名誉なことと思われるかもわからないが、なんのことはない、お金は国が出さないで、国分寺でやるという前提で作ったからだ。だいたい、ベッド数は、九〇以下では採算が合わないのに、ベッド数が少なくても、医療設備や医者や看護師や保健師を一定数、充足しておかなければならず、その人件費は全部、自治体が負担しなければならない。バブルのころに夢物語で作ったようなプランだったわけで、財政窮乏の現在は、当然、見直さざるをえない。

それについて、議会で、今までの計画を維持発展させるのか、それとも変えるのか、と聞かれて、私はそのときに、地域福祉の山崎三原則というものを、提案した。

介護保険の実施が目前だったから、第一原則は、地域の介護福祉については、自治体の責任において行う。第二原則は、そのかぎりにおいて、医師会も民間業者も自由な参入を認める。第三原則は、制度の実施において、解釈運用のあり方で疑わしい点が出てきたときには、その福祉を受ける人たちの利益の観点から結論を出す。これが私の三原則で、それは、医師会と真っ向からぶつかる内容になる。

だが、どう考えても、やはり独占というのは良くない。同じ種類の福祉だったら、さまざまな参入者に機会均等に開放してもいいのではないか。そのかわり、質を落すようなことがあったら、やめてもらう。そこのところは、行政がきちんと舵をとればいい。だから、地域の福祉は行政の責任において行うという第一原則が意味をもつ。

しかし、議会では、あんなにいいサテライト方式をなぜやめるのかと、だいぶ責められることになった。私が勝手に、できないからやめると言うと、これはまた政治問題になるので、新しく作った審議会に諮問し、将来の地域福祉の長期計画を策定してもらったところ、従来の路線を変えるという答申が出てきた。そこで、私は大きく方針を変えることができた。それにしても、バブルの頃に決めた方針を変えることが、こんなにも大変なことなのかと、あらためて思ったことだった。攻めるほうも、できるはずがないということはわかっているのに、決めたことを、できないと言わせて、行政執行の力量なんかないではないかと、政治的に追及していこうというわけだ。

一九九九(平成一一)年の一月に、立川の健生会という医療機関が、われわれも国分寺市で訪問介護センターを開きたい、ついては当該自治体の意見書をつけないといけないので意見書を書いてくれ、と言ってきた。三月三一日までに手続きをすると、一定の補助金が出る。私は、それを聞いて、いいではないかと思ったが、担当は「そういうことは医師会以外には認めないということで、いままできている」とストップをかけた。四月に入って、もう補助金は出ないけれども、また健生会が要請してきたので、こんどは押し切って意見書をつけることにした。ついで、国分寺市内にある国分寺診療所という医療機関も訪問介護センターを開きたいといってきたので、そこにも意見書を書いた。こうして、医師会の独占は崩れることになった。

それにしても、医師会と市側のこういう関係をどうしてここまで続かせてきたのか、私には理解できないことだった。担当に聞いたら、医師会のご機嫌を損ねると、学校の校医などの問題での協力を得られなくなる恐れがあるのだという。しかし、そうしたことを医師会が拒否したら、大きな社会問題になり、医師会批判になって跳ね返ってくるだけではないか。

学校の校医については、こんなこともあった。学校医とか学校歯科医などの医師の報酬は、特別職の公務員ということで、毎年見直しをして上げることになっていた。私は不服だったが、ルールならば仕方がないと、ルールにしたがって議会に提出したら、議会の猛反発にあってしまった。議員も手当てをカットしている、職員もベースアップをカットしている、市民もリストラや失業にあえいでいる、そんなときに、こんなことが認められるか、というわけだ。そこで、取り下げることにし、市の医師会長のところにいって、たいへん申し訳ないけれども、今回、議会でこういうことになって……と、お詫びをした。

さて、介護保険の認定審査のために、介護認定審査会を作り、その委員に、医師、看護師、保健師など、いろいろな市民の代表にお願いをする。当時、そういう審査会の委員手当ては、一回あたり国分寺では九五〇〇円になっていた。ところが、医師会から「安すぎる、これでは引き受けられない」と言って、二万いくらにしてくれといって公文書にして送ってきた。それはできないと、市が答えたので、それきり何も言ってこないけれども、医師会というのは、やはり仁術よりも算術なのだろうか。

介護保険の実施にあたっては、各市町村で条例を作ることになるが、国分寺市の介護保険条例（二〇〇〇年三月）は、社会保障と、社会福祉の人権理念を謳いあげた前文をもったいへん格調の高いものになった。審議会の中に、社会保障法の専門家である小川政亮氏（日本社会事業大学名誉教授）に入っていただいたこともあって、小川氏の理念と担当の職員の卓越した取組みでき上った介護保険条例だといえる。この国分寺市の介護保険条例は、ぜひ見せてくれと全国からかなり問い合わせがあったという。この担当職員は、介護保険室の準備室長、のちに初代の介護保険課長になった人だ。非常に頭が切れて、問題をよく整理する人で、この人がいなかったら、国分寺市の介護保険は数年遅れただろうと言われたくらいだ。この人がいたので、国分寺市の介護保険は順調にはじめることができたといえる。

子ども家庭支援センターの創設でタテ割行政に風穴を

子育て支援というのは、当時の小渕内閣の目玉のひとつで、たった一回きりだったけれども、保育園の待機児童が多い自治体に、子育て支援臨時特例交付金をつけてくれることになった。少子化が問題になっているので、それの対策の一環として、さしあたり保育園に入りたくても入れない待機児童対策としてつけてくれたものだ。国分寺市も申請したところ、二年間で一億二〇〇〇万円が認められた。これは予期していなかったので、たいへんありがたかった。

これを元にして、子育て支援センターを作り、そのなかにファミリーサポートセンターというのを併設することにした。ファミリーサポートセンターというのは、子育て経験があって自宅にいる女性のなかから、希望者をつのって、共働きの家庭の学童を、夕方引き取りに来るまで親代わりになってみてもらう、というものだ。そういうサポートセンターを含めた子育て支援センターを、保健センターが移転したあとの施設を改装して、そこでスタートさせた。

正式に発足したのは、二〇〇一（平成一三）年の四月からだが、その一年前の四月から準備段階に入っていて、その準備段階から含めて、公民館から女性の主事を抜擢して、この主任にした。

その人は、公民館一筋に全力を注いできた社会教育の専門職員(有資格者)だったけれども、もっと広く子どもたちやお母さんたちの世話をしてみたいという思いをもっている人だった。この人事には、公民館を長く利用している一部の人(地域住民)から、なぜ引き抜いたのか、公民館をつぶす気かと言って、どなりこまれてしまった。市政は公民館だけではありませんと、こちらもつい大きな声を出したが、聞き入れてもらうのは、なかなか大変だった。

国の子育て支援というのは、その名が示す通り、子育て支援であって、従来型のタテ割行政ではない。それならば、この機会を機能的に生かすことによって、自治体でも、タテ割行政を壊せるところまで壊そうと、私は思っていたのだ。従来、子育てというと、文部省系列の教育委員会と厚生省系列の児童福祉課の二つにわかれ、かねてから幼保一元化をと、問題になっていた。しかし、子育てには、助産師さんも、保健師さんなども関わっている。これは教育畑か、これは福祉畑かという従来の行政組織本位の分かれ方ではなくて、子どもを中心として、子育て支援のために関係部局が連携をとりながら、みんなで力が合わせられるような新しい組織体制にしよう、そして、官僚制度のタテ割行政のあり方を切りくずしていく前例にしようと、私は考えた。

そのために、可能なかぎり関係するところには、全部、通知をだして、希望者を募ることにした。民間の助産師協会にも保健所にも、教育委員会と児童福祉課の問題だけではない、あなたたちの問題でもある、と呼びかけていった。時間的余裕もなかったため十分に徹底したとはとても言えなかったけれども、そこから私たちもやりたいという応募があったかぎりは、それを全部吸収していった。それが全部含めて、一億二〇〇〇万円の給付を受けることになったのだ。ただし、給付は二年間だけなので、物件費や事業費にはいいけれども、人件費には使わないことにした。

あらゆる機会に、タテ割をヨコ割の機能別に変えていくことは、今後も折に触れ、テーマによって、実現していくことではないかと思っている。別の言い方をすると、この取り組みを通して、市民レベルでのさまざまな運動が、いままで通りの、タテ割を前提にした、そこへの要求という運動のやり方では十分ではないということもわかってきた。市民運動を前向きに考えている方は、ぜひ、市民運動の組み方自体について、根本的に考え直すひとつのキッカケとして、受け止めてほしい。

ふえつづけるゴミとモラルのない捨て方

多少の早い遅いはあっても、どの自治体もそれぞれ今までもっていたゴミ処理施設が、そろそろ限界にきている。そこには、一九六〇年代以降の経済の高度成長と、それにあおりをかけた〝消費は美徳だ〟という考え方以来そうなったのだろうが、消費生活の質量両面での〝豊かさ〟と、それに付け焼刃的に対応してきたゴミ処理対策がある。基本的にはゴミをどれだけ減らすか、出たゴミをどうやって処理をするかという問題だ。

多摩二七市(現在は二六市)の自治体は、広域処分組合という性格の地方自治法上の組合を作っていて、西多摩郡の日の出町に、廃棄物の共同処分場を作っている。そこの埋め立て施設は、すでに第一期分が満杯になって、いろいろな反対運動があったけれども、隣接地に第二期分の埋立地を開発して、そこに埋め立てを始めている。しかし、このままいくと、一六年先には、ここも満杯になるといわれている。それだけに地元の日の出町にはご迷惑をかけてしまっている。

その処分場に持ち込んだゴミの、過去五年間の超過分が明らかになって、それが各新聞の多摩版にのった。超過分については課徴金が課せられるのだが、二七市中でなんと国分寺市がいちばん多くて、五年分で合計一億二二〇〇万円にもなってしまった。新聞に出たので、市民から、どうして今まで放っておいたのだ、という電話が市役所に殺到したが、担当の環境部にきくと、国分寺市は正直にやったので、そういうことになったのだという。というのは、他市では、自分のところで不燃ゴミを燃やしたり、業者に依頼して処理しているという。ところが、国分寺市は、そういうことをしないで、全部正直に処分場にもっていっていたので、超過したのだ。しかし、他市は業者に頼んで、その先、どこに捨てているのだろうと心配はないのだろうか。増え続けるゴミを、なんとか減らす方法はないものか。

最終的には、一般ゴミも有料化をうちださなければならないと思っている。しかし、日野市が有料化したら、とたんにコンビニのゴミ捨て場にわんさとゴミが積まれていたというから、たんに有料化してもダメなようだ。デポジットなど、メーカーや量販店も含めて、対策会議を考えないといけない。

燃えないゴミはそのまま、燃えるゴミは燃やしてから、その灰を処分場に持っていく。ところが、処分場でのチェックのなかで、こともあろうに、国分寺市の焼却灰の中から乾電池が三〇〇個近く出てきたという事件が起こった。どこから持ち込んだゴミかというのは、トラック一台ごとにやるので、すぐにわかる。しかし、処分場から返されてきたものは、一週間かけて、環境部の職員みんなが手で調べなおした。しかし、マスクをかけ、作業着を着ていたとはいえ、健康上もよくない。当然、国分寺市は警告を受けたが、これで二回目で、三回警告を受けると、一カ月の搬入禁止になってしまう。そうなると大変なので、私も三日間駅頭に立って、ハンドマイクで「こういう事態に目を向けてほしい。このままでは、ゴミの回収はできなくなる」と、市民に訴えた。

しかし、こうしたことを、いったいどうやったらいいのか。カラスがつつくからといって、まわりを見えないように厚い紙で囲ってゴミを出す家庭もふえている。不心得者が燃えるゴミのなかに乾電池を入れて、まわりを包み込んだらわからないではないか。うがった見方をする人は、それは市長に対するいやがらせだ、陰謀だという人もいたが、私は、そこまで意地悪く見たくない。

最終処分場に持っていく前に、市のゴミ集積場で見つけられないかというと、限られた職員が毎日出るゴミの中を調べて、違法の乾電池が捨てられていないか、くまなく探すのは、不可能なくらい困難なことだし、職員の健康・衛生管理上からも問題がある。結局は、市民がゴミを捨てるときに、分別をどれだけ徹底しているかということになる。

ゴミ処理がどれだけ市民生活にとって地味で重要で、しかも清潔でない仕事だということを、住民はどれだけ考えているのだろうか。どこの自治体にとっても、非常に頭がいたい問題だ。ほとほと困りはてていた。

これはモラルが伴う問題で、モラルを整備するのに有効な手立てはあるのか、というと、正直なところ、試案投げ首、精も根も尽き果てる。そうしたことまでちゃんと視野に入れて、小中学生にゴミ出しや分別、収集の重要性について、きちんと学校教育のなかで、教えなければいけないと思うけれども、そこまで文部省（現文部科学省）の学習指導要領が言及しているかというと、それはない。これからは、教育委員会の熱心さの度合いによって、あるいは学校の熱心さの度合いによって、総合学習のなかで、やろうとすればやれるのだろうか。そういう意味では、市民生活部も福祉保健部も教育委員会も、関係する全部局が協力して、警察や消防、あるいは、地域の老人会や青年団などにも呼びかけて、全市域的なネットワークを作って、くり返し訴えかけていくしか手はない。

焼却炉改修の発注問題で出てきた建前と現実との相克

一方では、環境汚染に対しての住民の立ち上がり、環境浄化運動のグローバルな広がりがあり、なかでもダイオキシン汚染の危険ということが、かなり注目を集めるようになってきた。厚生省は、二〇〇〇（平成一二）年に、同省が策定した、廃棄物の焼却処分の際に発生するダイオキシンの排出基準を五年以内にクリアすること、クリアできない場合は、クリアできるようにゴミ処理対策について、抜本的な取組みをすること、といってきた。地域住民の側からの要求も強くなってきている。

国分寺市には二つの大きなゴミ焼却炉があるが、どちらも厚生省が示した国の基準をクリアしていない。しかも、寿命が近づいている。しかし、両方とも全部取り替えるとなると、三三億円もかかるので、五年以内に抜本的な改修をする必要がでてきた。それでも億単位のお金がかかる。そこで、緊急の課題として浮かびあがってきたのは、その抜本改修をどこの会社にどの程度の金額で請け負わせるのかということだ。

そのプロセスをどう透明なものにしていくか、ということで、入札制度の透明化、民主化が問題になってきた。しかし、これほど大きな施設、設備だと、入札を民主化して、どこの企業もさあどうぞいらっしゃい、ご自由に値段をつけてくださいと言えばすむ問題ではない。施設の性格からいって、固有のノウハウを持っているのは、かなり少数の大企業に限られてしまう。各自治体が持っている焼却施設は、それぞれ大企業に依頼して作ってもらっているわけで、そうすると、それは補修にしろ、改修にしろ、手を加えようと思ったら、その最初に製造したメーカーしかノウハウを持っていない。逆に言えば、その最初のメーカーに頼むと、値引きもある程度、駆け引きのなかでできる。しかし、開けっぴろげで競争入札をすると、かりに、うちではこれだけお安くしますよというメーカーに頼んでも、それが技術的に可能であるとは限らないという問題が起こる。だから、随意契約ではなくて、公開の一般競争入札にすれば安くあがって明朗になる、と言えるほど簡単なことではない。

これまでは、焼却炉の製造・改修は個別の随意契約だったわけで、国分寺市の焼却炉はK重工が請け負って作っていた。そこで、K重工に特名随契、つまり、特別に指名をして随意契約でやりたいのだが、「競争入札ではないから、透明性に欠ける」と、議会はいう。この種の問題については、競争入札でやれば公正にできるものでもないことは、議会もかなりよく知っているけれども、建前論でやってくる。しかもK重工は、一九九九（平成一一）年に公正取引委員会から、談合疑惑の大手五社のひとつにあげられ、排除勧告が出されている。もっとも五社は談合していないと勧告をけって裁判に持ち込んでいるが、議会では、そういう排除勧告がでている業者をまた指名するのか、というのだった。

入札制度をどれだけガラス張りにするかというのは、全国共通の課題になっているし、理念的には正しい。それだけに議会では、あたかも市がやってきたことは、こっそり取引をして、どこかうまいことをやっているのではないかという目で見る議員がいる。いままでのいきさつからいって、これは、まことにやむを得ないことだとは思う。しかし、それぞれの企業が固有の設計図とノウハウを持っているので、そこに頼むことが、じつは、いちばん安く上がるというのも、また事実なわけで、それをどうやって議会にわかってもらうか、多くの市民にもわかってもらうか、ということに、大変に苦労をした。

そこで、ほかの企業をいっさい入れないということではないという意味で、指名競争入札というやり方で、技術的に可能な一定の範囲に応募企業を限って、そこで公開入札をするのが、いちばん建前と実態に近いのではないか、ということになった。それでもなお、K重工以外の企業が仮に落札すると、やはり、K重工に頼む以上に高いものについてしまうのは、避けられない。いま設置している焼却炉の設計や管理運営のノウハウがないのだから、結局、改めて、K重工に個別的にアドバイスを受けなければいけないわけで、すると、またそこでお金がかかってしまう。結局、国分寺市は、指名競争入札の手続きをとりながら、最終的にはK重工と随意契約をすることに、議会で原則的な了解をしてもらうことができた。

国分寺市に限らず、多かれ少なかれ、どこの自治体も、そういうむずかしさを抱えているのが、この課題だ。フェアでガラス張りのものにしながら、安く上げていく、というのは、言うは安くして非常にむずかしい課題で、現状は、いまいったような問題が介在している。

住民のほうも、環境問題に強い関心をもって行動している団体が多く、それはたいへん結構なことだが、そうした問題のむずかしさも織り込んで、議論をして、運動をしていっていただきたいと思う。建前と現実とのちがいを、市民運動のレベルでも、避けることなく直視をして、考えてほしいと思う。

違法駐輪対策は自治体だけでは無理

国分寺市域内にある駅は、ＪＲ中央線の国分寺駅と隣の西国分寺駅、それからさらに西に、市域は国立市に入っているけれども、国立駅も、北の方へほんの数百メートルほど歩くと国分寺市域に入り、国分寺市民の多くが利用している。さらに、西武国分寺線の恋ケ窪駅がある（一四四ページ「国分寺市の概略図」参照）。

国分寺市に限らず、鉄道あるいはバス路線を持っている自治体は、どこも共通に直面しているひとつの大きな課題が、自転車の駐輪問題だ。例えば変だが、駐輪場を作って、いったんたまった違法駐輪の自転車を整理すると、こんどは、駐輪場を整備したことが呼び水になって、さらにまた駐輪問題が規模を広げていくという、これのくり返しで、無限に整理することができない。これまでは、駐輪場の確保という原始的なやり方で対応してきたが、それも、もう限界になっている。

違法駐輪問題というのは、基本的には、自治体や鉄道の駅が駐輪場を整備することがいちばん大切だということは明白なことだが、この場合に、ひとつは、自治体と駅を持っている鉄道会社とで、駐輪場の整備、管理についての責任をどう分担するかということがある。それからもうひとつは、違法駐輪した自転車を撤去して保管所まで運ぶことは、物理的には簡単でも、財産権にかかわることで、自転車の所有者の財産権の侵害にならないように、かつ町の整備対策の一環として考えるには、どういう制度と手続きを考えるのが合理的なのかという問題も出てくる。

そうしたなかで、それまでまったく知らなかった問題がそこに存仕していることに、気づかされた。駅周辺に放置されている違法駐輪は、一定の期間ごとにまとめて撤去して保管所に移動し、一定期間、「ここにあった違法自転車は、すべて保管所へ収用しました。希望者は何日までに取りにおいでください」ということを公告する。引き取る際には一台について保管料の形で二〇〇〇円をいただくことにしている。しかし、これまで撤去された自転車を、保管料を払ってまで引き取りにくる人は少なく、違法駐輪も減ることはない。警察もほとほと困っているという。

また、違法駐輪をいいことに、放置自転車を気軽な気持ちで乗っていって、自宅の近くでポイと捨てていくことに、そんなに罪悪感を感じていない不心得者が非常に増えている。駅に置いてある自転車に乗っていっても、そんなに悪いことをしているわけではないんだ、みんなやっていることなんだという気持ちになっている。

そうしたことを視野にいれて、違法駐輪対策をするには、どういう考え方で、どういう方策で、どういう協力関係のもとでやっていけばいいのだろうか。

できれば、自治体と警察と鉄道が、お互いに責任のなすりあいをするのではなくて、協力分担をして、少し長期的な有効な対策を打ち出す。そして、自転車メーカーも、自転車を売って利益があがればそれでいいというのではなくて、ぜひ協力を願う。まちづくりの観点から、その四者が協力していくことを、どうしても考えていく必要がある。自治体だけにちゃんとした対策を考えてくれと言われても、事実上、困難で、四者が力を合わせてやるしかないのだが、これがなかなかできないのだ。

市だけでは解決できないさまざまな問題

違法駐輪問題だけではなく、同じように、国分寺市だけでは解決できないことが、いろいろある。

たとえば、国分寺駅には南北をつなぐ通路（コンコース）があって、その通路で夜遅くまで若者が〝店〟を広げて、ギターを鳴らしたり歌ったり何か飲んだりしている。しかし、あの通路はJRの駅構内で駅長の管轄なので、JRからの訴えがないかぎり、警察も市もかかわれない。

それから、駅ビルの地下が食品売り場で、そこからのダストが線路側に向かってあいていて、国分寺駅に悪臭がただよう。ある議員が議会があるたびに、何とかしろと問題にしていたのだが、それは市の管轄外のことで、市としては申し入れをするしかない。ところが、「あそこを使っているのは国分寺市民が大部分だろう。市は管轄外だと無責任に言っていいのか」と、こう来る。無責任なことを言っていいはずはないけれども、では責任をもって何かできるかといったら、できないわけで、何とかしなければならないのは、駅ビル株式会社なのだ。そうこうしているうちに、東京都が悪臭防止条例の改正をして、規制をする悪臭の定義をかなりはっきりさせた。そこで、その条例が守られるようにやってくれ、と申し入れたということがある。

それから、台風の後に、低地に出水したり道路がぬかるむことがある。ところが、道路は、国道、東京都だったら都道、地方だったら県道、それから市町村道と私有道路とが場所によって入り組んでいる。だから、管轄によって修復をする責任の所在がさまざまなのだ。これまでの例で

JR 国分寺駅南口広場

いうと、踏切にわたる市道の場合、踏切自体はＪＲなどの鉄道会社だから、線路の脇何メートルから何メートルのあいだは鉄道会社が、それ以外の道路は市がやるということになる。それぞれの責任範囲で、市道だったら市が、都道だったら都が、国道だったら国が、予算も含めてやらなければならない。
しかし、市民は、これは国道だから国の責任、これは都道だから東京都の責任、ということはわからないから、なんでもかんでも市町村にもってきて、あの水をなんとかしてくれ、水はけが悪いじゃないかとかいう。じゃあといって、市ができるかといったら、やるお金はない。でも、そんなことは市の責任ではないと知らん顔もしていられないから、公共の利益の観点から、大雨が降ったり大雪が降ったりすると、道路を管理する建設部は徹夜で待機していて、どこがあふれたというと、すぐに出ていって応急処置をすることにしている。

子どもをめぐるタテ割行政の矛盾

児童相談所は、都道府県の管轄になる。国分寺市を所管しているのは、東京都小平児童相談所だが、児童虐待などの事件が起こるのは市町村なわけだから、児童相談所と市がきちんとタイアップをしないと、子どもの虐待の問題は救えない。私がつね日ごろ主張していたのは、教育委員会と児童相談所と市の児童福祉課などが、常時、情報交換と意思の疎通ができるような協議の場を設置すべきであるということだった。児童福祉司の協議会とか、保護司の協議会の方々と会って意見交換をすると、保護司の方とか福祉司の方は、みなさん、いくつか件数をかかえてものすごく苦労していらっしゃる。これでは、とてもではないけれども、事が起こったら福祉司にお任せすればいいとか、ことが起こったら保護司にお任せすればいいではすまない。

また、地域における子どもの人権の確保のためには、教育委員会と、児童相談所と、学校との常時の意思疎通が、必要不可欠ではないだろうか。ひところ学警連——学校と警察の連絡協議会——というのがあって、私は、大学に在職しているころから、学校の中で非行少年や、暴力行為を引き起こすようなことがあった場合に、まず警察と連絡をとるというのは、おかしいではないか、それよりも、教育委員会が中に入って、児童相談所と学校とが、常時、意思疎通と情報交換をすべきで、これに必要があれば警察にも加わってもらうようにすべきだと言ってきた。

そこで、任期の終わりごろには、児童相談所と、教育委員会と、学校と、警察と、それに保護司、福祉司の方も加えて、常時、意思疎通と情報交換の協議組織を設置をしようと、提案していた。福祉司や保護司の協議会の方は賛成だと言ってくださっていたし、警察からも、それはたいへんいいことですね、と、好意的な返事も返ってきていた。まだ児童相談所とは接触をしてなかったけれども、市町村と教育委員会が、かなり強い意思表示をすれば、児童相談所だって、動いてくれないはずはないと思っている。しかし、やろうと思っていながら、ついにできないまま任期が終わってしまった。

各学校には、学校医や学校歯科医、学校薬剤師を置かなくてはいけないと、学校保健法にある。それと同じように、学校弁護士というのを作ったらどうかと、かつて東京弁護士会の刊行出版物に書いたことがある（東京弁護士会子どもの人権救済センター『子どもの人権救済活動事例集』一七六～一七九頁、一九九二年七月）。たとえば、今月はA弁護士、来月はB弁護士と、その月は、とにかく毎週一回は学校に顔を出す。それから、毎週何曜日の何時から何時までは学校にいていただいて、相談がある人は、その時間帯に学校を訪ねれば、お金を払わないでも弁護士さんに聞いてもらうことができるというシステムだ。それを提案したけれども、当時は、誰がお金を出すのかで、沙汰止みになってしまった。これは、国の法律がないから、弁護士会が了解すれば、自治体は条例を作ったらできることで、条例でやっているうちに、どこかで成功例ができたら、今度はどこかの政党が国の制度として、法律で提案をしてくれたらいいと思っている。私は、それを学校弁護士制度と仮に言っている。

困るのは、第六章でふれるマンション建設や墓地が進出してくるという問題で、建築の許認可の権限を持っているのは、都道府県と人口二五万人以上の市だから、建築業者のほうからすると、市町村の独自の条例に従わなければならない義務はない。都道府県は、その件が、どんな条件で、どんな場所で、どんな人が住んでいて、どんなふうに困っているかなんていうことは、わからない（と一般に解釈されている。こうした解し方自体に問題があるのだが）。そうすると、条例・規則に照らして、書類に不備がなければ許可するということにしかならない。そうすると、どれだけ地元が地団太踏んでも、みすみす手をこまねいて見ているしかない、ということになる。こういう場合に市ができることは、何といっても、タイミングと、絶対容認できないぐらいの強い意思表示をすることだ。

自治体行政においては、この類のことが、非常に多いけれども、市長だけではできない。担当者が、市長の意思を体して、同じ気持ちになって、すぐに効果的な手を打ってくれれば、非常に有効に働く。そうなると、成功するかどうかは、首長と職員との相互理解と、意思、感情の疎通がどれだけうまくいっているかによる。市長とのあいだに信頼関係ができていれば、多少の圧力ははねかえしても、この市長といっしょにやっていこうという気になって、がんばってくれる。

議会が、地域の駐輪場の問題とか、ゴミの問題とか、道路の問題が、どれだけ市民の日常生活にかかわっているか、そのために、どれだけ職員が心魂を傾けているか、ということに理解があると、職員にも議会に対する信頼が形成され、市長に対する信頼も増してくる。日常の行政実務についての心遣い、それから、どの部局のどのポストはどういう仕事をしているのか、あまり報われないようなことを一所懸命、黙々とやっているような職員もいっぱいいるのだということについて、議会（議員）は、きちんとした理解を日ごろから持っていてほしい。誰が、どれだけ、どの程度の理解を持っているか、どういう姿勢でその課題に接しているかは、議会の発言、質疑応答を聞いていたら、すぐにわかる。そういうものだ。

防災訓練だけはきちんとやりたい

七月に市役所に入って、そのひと月後の八月に、はじめての防災訓練があった。前日、秘書課長が、自動車でお迎えにいきます、と言ってきた。実際に地震などが起こったら、道路は寸断されて、自動車でいけるわけがない。私は驚いて、自転車で行くと答えた。それで、翌日、秘書課長といっしょに自転車のペダルをこいで、市の北部のかなり離れた中学校まで行ったのだった。

国分寺市は一五の小中学校が、住民の一時避難場所になっているのだが、防災訓練は地区を決めてやっていて、ほかの地区は何もしない。しかも、その訓練は、あらかじめプログラムを組んでいて、その通りにやる。それではおよそ防災訓練らしくない。仮設トイレをどこから持ってくるのかということも、訓練には入っていなかった。また、これは別の機会になるが、防災意識のすすんだ町会が、地域で訓練をして学校へ避難をしたけれども、防災倉庫にカギがかかっていて開かなかったということもあった。各学校には防災倉庫が置いてあるけれども、そのカギは校長が持っていて、校長がいない夜や休みの日には開かないのだ。こうした、ほんのささいなことでも、洩れていることがいろいろあった。

私は国分寺市に帰ってくるまで静岡大学に勤務していた。静岡県は駿河湾トラフがあるので、防災訓練は年に二回やっていて、一回はあらかじめ日を決めて、全県をあげてやる。もう一回は、だいたいこのあたりにやるという予告があるだけで、日時を指定していない。だから、その当日は突然訓練がはじまり、大学は授業をいっせいにやめてキャンパスのなかの避難所に集合する。みんな深刻に受け止め、まじめにやっていた。また、市長になる前だが、私は阪神淡路大震災のときは、わずか数日だったけれどもボランティアで支援にいった経験もあり（国分寺市福祉協議会『社会福祉だより』八八号、一九九五年三月一五日）、帰ってきてからは、自治体のなかではいち早く行動を起こしたのは鎌倉市だというので、鎌倉市にも行って話を聞いてきた。そういう経験もあったので、防災訓練だけは、きちんとやらないと意味がないのではないだろうかと思っていた。

そこで、翌年、警察署長、消防署長、ＪＲ、西武鉄道、農協など各機関の代表者に集まっていただいて、防災訓練について協力依頼をするときに、「訓練対象地域以外の住民の方にも自由参加でいいから、できるだけ多くの方に参加していただくように考えています、国分寺市もすみやかに行動を起こせるようにしなければいけない」と挨拶をした。おそらく担当は、また余計なことを言って、と思っていたかと思うが、言わなければ、例年のパターン以外には何もしないのだから、言ったが勝ちなのである。

これでは、実際に何か起こったら、そうとうに混乱が起きるのではないだろうかと、心配でならない。やはり、夏に一回やるとだけいっておいて、ある日突然、警報を発令して防災訓練をするしかないと思っていたが、なかなか、そうはならなかった。しかも、訓練に参加する職員は、当初は管理職だけで、一般職員は参加していないのだ。この問題については、第七章で述べたいと思う。

商工業と農業を活性化させたい

私は、商工業と農業は市政の柱だと、在職中つねづね言ってきたが、その商工業が、不況でいちばん影響を受けていた。そこで、貸し渋りが問題になってしばらくたったころ、市内の銀行、信用金庫をまわって、貸し渋りが社会的に問題になっているけれども、そういうことはやめてほしい、と要請したこともある。市長がそういう要請をすれば、市民も、市長がそういうふうに言っているんだからと、金融機関に強く言うことができる。それから、小口事業資金の貸し出しの限度額を、運転資金は三〇〇万円を四〇〇万円に、設備資金は五〇〇万円を六〇〇万円に増やし、金融機関と交渉して、金利を三・一パーセントから三パーセントに引き下げることができた。そのうち二・五パーセント分は市が負担するので、自己負担は〇・五パーセントということになる。

住宅をリフォームするために四〇〇万円を貸し付けていた住宅改修資金の利子の場合は、二パーセントを市が負担していたので、無利子で借りられることになる。そうなれば、市内の小規模工務店にも、仕事が増えるのではないかと思われた。そして、市内の小規模工務店に市の修理工事を発注する制度を作った。

商店街を活性化させようというので、商工会を中心に、市内共通の商品券五〇〇〇万円分を一割引きで発行したいというので、その一割の五〇〇万円を市が補助することにした。さらに、スタンプカードをカード化してポイントカードにしたいということなので、それにも補助を行った。

また、市内の二割をしめる農地をいかに守っていくかも、大切な課題だった。農薬を使わない有機堆肥制度をすすめるために、それへの補助、国分寺特産のウドとかキャベツを出荷するときのダンボール代の補助なども組んだ。そして、市民農業大学、援農ボランティア、花街道事業なども、引き続き行っていくことにした。

第六章　まちづくりは地方行政の最重要領域

およそどこの自治体でも、まちづくりはもっとも基本的、かつ中心的な課題である。都市計画法で、すべての市町村にまちづくりの基本計画（マスタープラン）の策定が義務づけられているのは、そのためである。地域はたえず変容しているから、一度策定すればすむというものではなくて、たえず重要な課題として注目されつづける。それだけに地方自治行財政の最重要の課題のひとつと言わざるをえない。国分寺市の場合も、まさにそうであった。

私が市政を担うようになった一九九七（平成九）年の市長選挙当時、国分寺市では、国分寺駅北口が、まさしくその代表例であった。都市再開発法にもとづく第一種市街地再開発事業として計画されてからすでに二〇余年が経過し、しかも計画は事実上頓挫したまま進まない状態で、これをどうするかが、そのときの市長選の第一の争点として、クローズアップされていた。

この他に、国分寺駅と西国分寺駅との間に広がるＪＲの中央鉄道学園跡地の利用計画にかかわって、西国分寺駅東地区再開発も課題として存在していた。しかし、一九九七年の市長選では、なぜか、まったく選挙の争点には浮上せず（政党関係者も誰一人この問題について、ふれてはくれなかった）、一九九四年まで長く単身赴任で国分寺にいなかった私は、不覚にもこの問題の意味を知ることなく市長になったのである。

市政に関するテーマというのは、あらゆることが利権と結びつけられやすい。まちづくりというような、もっともベーシックな問題でも、十分に情報公開と自由な議論を保障しないと、すぐに利権がらみの材料のひとつになる。それに対する警戒心なしに事をすすめると、半世紀に一度、一世紀に一度というような事業が食い散らかされて、市民の利益とは似ても似つかぬものになりかねない。そういう問題の重要性を、市民と議会の方々には考えていただきたい。

それから、どこまでが市民公共の利益を確保するために追求すべきなのか、どこまでを私権として尊重しなければならないのか、という問題もある。それについては、あとで、市道三四六号線のところでふれたいと思う。

国分寺市はどういう町か

まず、国分寺市がどういうところか、あらかじめお話ししておきたい。

ＪＲ中央線西国分寺駅の東側を南北に走る府中街道沿いに、約二千戸の高層住宅ができ、その関係で人口が増えて、国分寺市は、約一一万人の町になっている。人口のかなりの部分は、東京

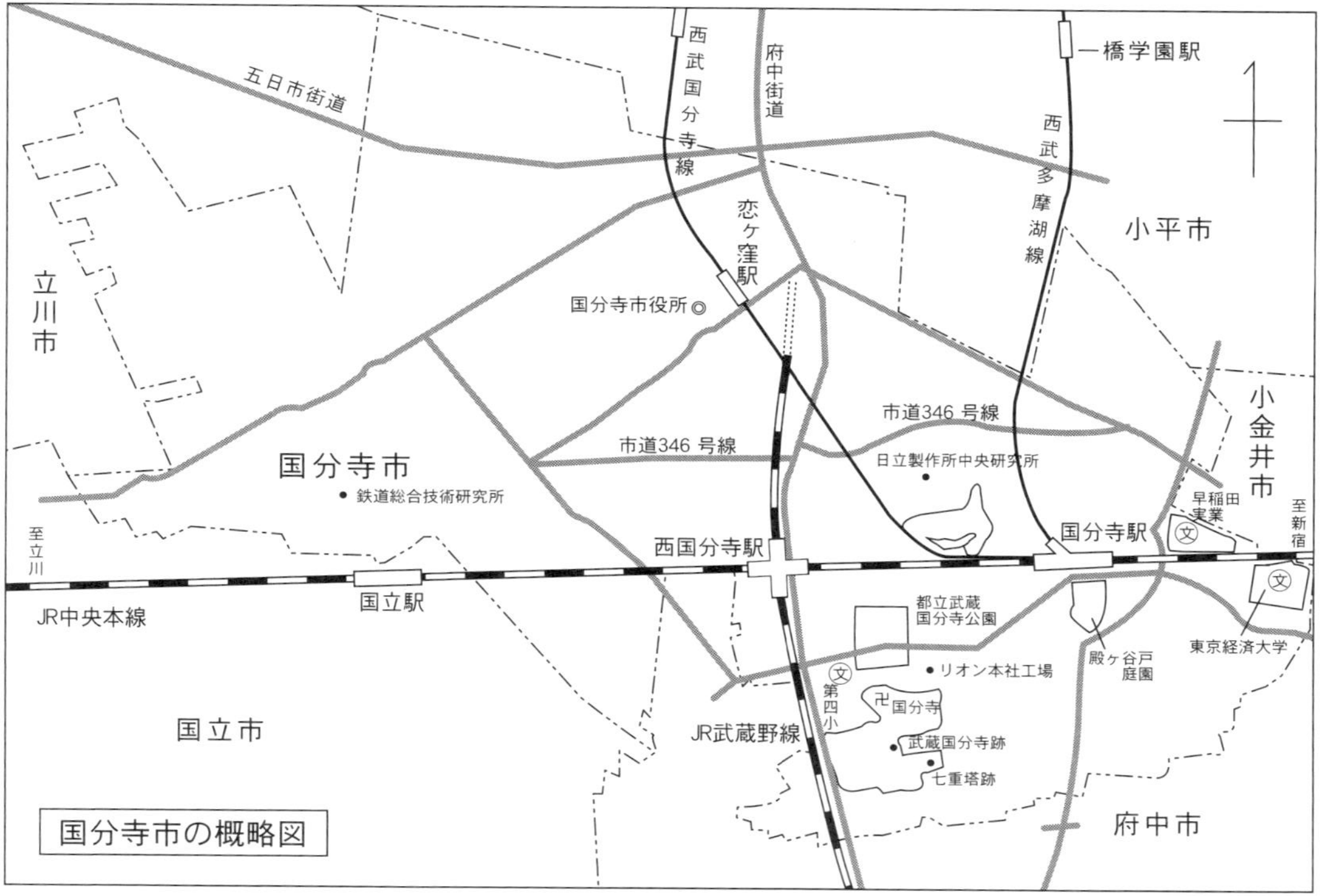

五日市街道
西武国分寺線
府中街道
一橋学園駅
西武多摩湖線
立川市
恋ヶ窪駅
国分寺市役所◎
小平市
市道346 号線
市道346 号線
小金井市
国分寺市
鉄道総合技術研究所
日立製作所中央研究所
早稲田実業
至新宿
至立川
西国分寺駅
国分寺駅
国立駅
JR中央本線
都立武蔵国分寺公園
リオン本社工場
殿ヶ谷戸庭園
東京経済大学
第四小
卍国分寺
武蔵国分寺跡
七重塔跡
国立市
JR武蔵野線
府中市

国分寺市の概略図

都心の官公庁や企業に勤めているサラリーマンで、そういう意味では、東京のベッドタウンだといえる。そうした関係もあって、JR中央線国分寺駅は、長距離列車を除く、すべての種類の電車が停車する拠点駅になっていて、通勤時には、高尾、八王子、立川、国分寺、新宿しか止まらない通勤特別快速も五本、走っている。また、北のほうに西武鉄道も二つの線が出ている。それから、西国分寺駅は、JRの武蔵野線が南北に走って、中央線と交差していて、そういう意味では、ここも拠点駅の一つといわれている。

市内にある主な産業施設としては、中央線の北側に、JRの鉄道総合技術研究所、日立製作所の中央研究所という、日本のハイテク産業を象徴する二つの大きな研究所があり、南側にはリオンという、音響科学技術機器の総合メーカーがある。リオンは、ソナー（音響探知機）や補聴器のメーカーとして、かなり国際的にも評価が高い。

教育機関としては、中央線の南側に、私立の東京経済大学、それから、国分寺駅から北のほうにいくと、小平市側の市境に津田塾大学、それから小金井市側の市境に東京学芸大学と、三つの大学がある。また、二〇〇二（平成一四）年度からは、旧新日鉄グラウンドを買収した早稲田実業学校が都内から移転してきて、新たに開校し、二〇〇三（平成一五）年度からは、小学校を併設して、初の男女共学の総合私学として発足し、これによって、多摩地域の受験戦線はかなり大きな変動が生じると新聞などが伝えている。

またJR中央線の南部には、国分寺の地名のもとになった奈良天平時代の武蔵国分寺の遺跡が広がっていて、武蔵野線をはさんで、東側には国分寺の本寺跡が、西側には尼寺の跡が、相当の規模で残っている。現在、市では、土地の買戻しと復元工事に取り組んでいて、尼寺のほうは、すべて土地の買収が終わって、跡地を整備し、今後は東側の本寺の跡の整備に全力を集中するところに来ている。北のほうは、五日市街道、それから青梅街道、さらに、その北には新青梅街道という三つの東京都を東西に貫く街道が通っていて、その道路沿いを中心として、緑地と農地が広がっている。

かつて『週刊東洋経済』が、特集をくんで、大企業に、将来、どういうところに出店したいかというアンケートをとったことがあるが、約三三〇〇弱ある全国自治体のなかで、四位に入ったということからみても、国分寺市は、潜在的にではあるが条件的には恵まれたところだといえる。

国分寺駅北口再開発はやっと地権者の組織が一本化

私が市長になる前に、四期つづいた保守の本多市政、さらにその前に二期続いた社会党市長の市政がある。この社会党の市政は、ちょうどバブルに向かう人口の増大期にあたっていて、そのわりに、国分寺の町は近代的な発展がみられなかったことから、中央線国分寺駅の北口に、都市再開発法にもとづく第一種市街地再開発事業としての計画が立てられた。非常にゴミゴミと集中している市街地を、駅前広場と道路を中心にして再開発するもので、基本は大きな駅前広場を確保した上で、駅前に巨大な再開発ビルを建設するというものだった。旧市街地に広がっていた商店や企業の方々に、いままで住んでいた土地を売っていただいて、再開発ビルのなかの床を買っていただく、それによって再開発をすすめようとする手法だった。

そうなると、それぞれが、再開発ビルの何階のどこに、どの程度の広さの床を確保できるのか、ということで、それまでの営業状況が経済的に評価を受けることになる。当然のことながら、その評価や再開発ビルのなかでの場所の決定が、必ずしもスムーズに入居予定者に理解できないことが少なくないので、これを、どう統一した協議の上で、計画が立案できるかが、この種の再開発の決め手になる。また、地元の旧商工業者の方だけではなくて、メインの企業がテナントとして入るわけで、そうした中心になる核テナントを希望する企業が何社ぐらいあるかということも、再開発の成否を左右する条件になってくる。ところが、なかなか地元の調整がつかなくて、そのために、かなり長引く様相になってきていた。

それに対して前の本多市長は、自分なら一年ぐらいで再開発を成し遂げると選挙で公約して当選した。しかし、実際には、前市長の四期一六年間は、ほとんど停滞して、再開発は進まなかった。伝えられるところによると、再開発の進め方が、地元の商店街の関係者、地権者の方々に、あまねく知らされるのではなく、一部の有力地権者と行政側で話が進められたために、それに不満をもつ地元の商工業者や、考え方を異にする方々が協力を拒んで、結果的に、地権者の組織が、推進派と称される再開発協議会と、再開発に批判的な再開発研究会という、二つに分裂したという。

一方で反目、対立があり、もう一方で、市の独断専行的なやり方に信頼を持てない人たちがいるという状態で、一九九七（平成九）年の市長選挙まで、事態が進まないで来たという経緯がある。当時の国分寺市は、バブル期にさしかかっていたこともあって、次々と新たな土地を買収しており、それが、事業の停滞とともに、金網を張った状態のまま、あちこち放置されていた。当然のことながら、これが九七年の市長選挙では、一大争点になった。

選挙戦に入ると、再開発の推進をはかる人々のあいだで、革新候補の山崎は再開発には反対をしている、もしも山崎が当選をしたら北口の再開発はメチャメチャになるという噂が、かなり広く流布されていたという。

選挙の結果、私が当選して、この北口再開発にどう対処するかが、緊急の大きな課題になってきた。私自身、再開発について反対という意思表示をしたこともなく、むしろ、現状のままでいいのだろうかといって選挙に臨んでいたので、いずれにしても、これを何とかしなければならなかった。

そこで、市長になって、三カ月後の一〇月に、はじめて、北口再開発の地権者の方々の集会に出ることにした。当日、私を迎えてくれたのは、お通夜のような静まり返った冷たい雰囲気で、そこで、約二時間、私は率直な思いを語りかけた。

かいつまんで言えば、「国分寺駅北口は、なんといっても一〇万都市国分寺の表玄関に相当するところだ。いまＪＲを降りて、北口に立って街並みを見渡したときに、いまのままの状態でいいとは、おそらく、どなたもおっしゃらないだろう。そうだとしたら、これは何とか再開発を進めなければならない。それ以外に選択肢はないと思う。ただ、いままでの停滞状況の話を聞いたところから考えるに、市が責任をもって進めるためには、この再開発に関する計画や経過など、およそすべての資料は、できるかぎり地権者のみなさんに情報公開をしていきたい。そうして、みなさんの意見を十分に出していただいて、それによって、進め方を考えてまいりたい。」

そういう趣旨の話をして、はじめての挨拶とした。

あと何が話し合われたのかは、記憶していないけれども、入っていくときにはお通夜のようだった集会が、二時間あまりの話し合いをすませて帰るときには、たいへん雰囲気が変わっていたことだけは、はっきりと覚えている。事前に、山崎がもし市長になったら再開発はとんでもないことになる、国分寺駅北口はメチャメチャになる、という悪い噂が、かなり広範囲に行き渡っていたために、じつは、その分だけ、地権者の方たちとお話をした結果、聞かされていたこととはちがうではないかというプラスになって返ってきたといえる。

以来、私は主に、再開発事業促進路線と、学習路線と、二つの行き方を併行してとることにした。つまり、事業促進のためには、関係する地権者の組織の定期的な話し合いに、可能なかぎり私自身も参加して、意見を聞きながら、推進の道を探っていく。もうひとつは、学習会シリーズといって、中小企業関係や都市再開発関係のさまざまな業界、あるいは新聞の論説委員、学者の方々を順次招いて、再開発や都市計画について理論的、実証的な学習をすすめていく。この二つを地道に進めていった。

国分寺という土地柄もあるからだろうか、古くからの歴史の中に、利害の対立する再開発問題というのが関わってきたために、さまざまなうかがい知れない人間関係の錯綜がかなり根を張り、それに政党関係の政策的思惑がからんで問題の解決をむずかしくしていたようだ。そうしたことについては、とうてい、新参者の新しい市長では、状況を的確に把握するところまではいたらず、また、そうした地元の方たちの複雑な人間関係のからみ合いを、市長にきちんと話をしてくれるような信用ができるまでには、かなりの時間を要するということも、よくわかってきた。したがって、私は、あえて、そうした個別の人間関係や、古いしがらみ等にはふれることなく、とにかく情報公開と話し合いの徹底ということで、進めていったのである。そうして、ようやく三年かかって、地権者組織の統一にこぎつけた。

ただ、折から、バブル崩壊後の深刻な経済危機のなかで、再開発ビルのキーテナントに考えていた企業が、当初は一〇軒ぐらいあったのだが、撤退を表明される企業が相次ぎ、最終的には一社しか残らないという、深刻な事態を迎えた。もちろん基本は地元の地権者の総意をもって進めることには変わりはないけれども、残された手段は、二つしかなかった。いままでの計画にこだわることなく、新しい再開発の見取り図と手法を自ら立ち上げる路線をとるか、あるいは、再開発協会に委託をするか、そのどちらを選ぶかということになった。一本化した地権者組織に、その点も含めて、再開発を進めるための路線の見直しをしていただこうというところで、私の任期は終わってしまうことになる。

地権者は年配になってきたので、青年会議所とか農協、消防団なども含めた若い人たちに、あなたたちががんばってくれないと、町は変わらないと、激励してきた。絶対にやるから、がんばってほしい。やり方は昔とちがって、関係者には手持ちの情報は全部公開して、市民参加でやると、くり返し言ってきたので、多少雰囲気がちがってきていた。

西国分寺駅東地区の再開発は「ハコモノ（箱物）是か非か」でゆれる

もうひとつ、西国分寺駅の東地区の再開発問題がある。旧鉄道学園跡地の整備に伴って、ここに、第一種市街地再開発事業を進めるという企てが、ほぼ一〇年以上前からあって、結果的には、これも、ほとんど進行することなくきていた。

ここの再開発は、市施工ではなくて、住宅都市整備公団に委託をした、公団施工で進めている話だったが、選挙終了までは全く表面化していなかった。

この問題について、私が市長として市役所に入った直後に、与党のある議員から、突如、東京都の都市計画審議会に計画の承認を申請していたのを、取り下げてほしいという強い要請を受けた。西国分寺駅東地区の再開発については、市長選のときも推薦政党の共産党を含め、誰からも一言も情報をきいていなかったのと、私自身、長年の静岡への単身赴任から国分寺市へ戻って日が浅かったので、不覚にも全く予備知識がなかった。したがって、取り下げの要請の意味がよくわからなかったけれども、そこには大きな課題が伏在しているらしいということは分ったので、とりあえず私は、これまでの経緯と現状を正確に把握するために必要だからという理由で、東京都の都市計画審議会への審査申請を、いったん取り下げることにした。

以来、この問題について正確に知る必要があると思い、約半年間、市の担当と与党から、これまでの経過と現状について聞いたり、あらゆる機会をとらえて、さまざまな形で学習をしていった。与党は、バブル崩壊以降、公共事業は見直すべきであるという強い方針があって、とくに、いわゆる〝ハコモノ（箱物）〟については、力を入れるべきではないという意向を示していたが、この再開発も、駅前広場と道路工事だけを手直しする区画整理事業に変えるべきだという考えだった。同時に、それまで推進の旗をふってきた各政治団体も、いっせいに旗幟を翻し、慎重派に転じていた。文化面でも、子ども劇場を作ろうという運動などをはじめとして、従来は、市民文化会館の建設を核として、この西国分寺駅東地区再開発を進めようということだったのが、一転して消極的な姿勢を示すようになっていた。

しかし、議会を中心とした、そういう消極化の動きは、事業の委託を受けていた都市基盤整備公団（旧住宅都市整備公団）と、進められるものだと思って自分の所有地を売って協力を進めてきた地元の商店街の多くの地権者たちに、たいへん大きなとまどいを生んでいた。このままいたずらに時間だけかけても、公団と地権者に多大な犠牲を強いる以外の何ものでもない、ということが、次第に明らかになってきたので、私は何とか進めるしかないのではないか、と思いいたった。

議会では、市の財政が許せば進める方向で考えるという態度で、一貫して答弁してきた。市の財政がとうてい対応できないのであれば、最終的には無期限の延期もありえないことではないけれども、財政的に可能であれば、計画は進めるということだ。企画財政部が試算をくり返して、計画を縮小し、時期も一定程度延伸すれば可能だというので、進める方向に方針を決めた。維持費は、新しい団地ができて二千所帯ぐらい入居してくるので、その人たちからの住民税分をふりあてることを考えた。

そうこうするうちに、一九九九（平成一一）年の七月になって、国はイギリスの前例にならって、いわゆるＰＦＩ法（プライベイト・ファイナンス・イニシアティブ＝民間資金等の活用による公共施設等の整備等の促進に関する法律・平成一一年法律第一一七号）という、公共事業の推進方式を法律で制定した。これは、民間経済力の導入によって、建設と、条件が整うまでの維持管理を委託し、やがて、自治体からの償還が終わったところで所有権を移すという方式だった。私は、ＰＦＩ法が国会で審議されているときから注目し、成立したのと同時に、庁内の係長クラス以下の若い職員一〇人あまりに委嘱をして、ＰＦＩ法研究会を組織し、新しく導入されたＰＦＩ法について、問題点や導入の可能性について、検討を命じた。しばらくして、このプロジェクト・チームからは、法律そのものは、たしかにいい法律だけれども、日本の場合は、国有財産法とか地方自治法などの関連する法律や制度の改正が伴わなければ、ＰＦＩ法だけでは、活用することは困難であるという見解が出てきた。

しかし、私は、親になる法律だけ作って、関連する制度を改めないということは、通常、考えられないので、若干、経過をみる以外にないと思っていた。そして、二〇〇〇年の暮れから二〇〇一年にかけて、このＰＦＩ法の実施を可能にするような、さまざまな法律、制度の改正や整備が進んできた。

ＰＦＩ法が使えるようになったときに、私は、つぎのようなことを考えた。つまり、新しい法律や制度が作られたときには、その最初のパイロットケースになった場合、かなり有利に制度を活用することができるということだった。およそ、新しい制度ができたときに、通常そのパイロットケースについては、制度創設者（今回の場合は国）は絶対に失敗させない、失敗させたら、その制度を作った側の責任が問われることになる。前例は当然ないわけだから、したがって国なりお役所なりは、法律、制度に違反をしない限り、できるだけ適用される側の要求にそって、好意的に事業を立ち上げてくれるという傾向がある。これは、私が北海道大学に勤務していた当時、国立大学（ある学部）の整備にかんして、新しい内部組織の制度が作られたときに、文部省（現文部科学省）が精一杯、北海道大学の側の要望を満たしてくれたという体験からきている。そういうことを経験的に知っていたので、ぜひ、この公共施設を整備するうえで、ＰＦＩ法を活用するということに、私は力をつくそうと思い、担当にも命じて、そのことについて研究をさせた。

結果として、約二〇ほどの自治体が、ＰＦＩ法の活用を考えたようで、たとえば、調布市が学校建築にＰＦＩ法を全面的に活用するということが、多摩地域では大きな先例として語られるようになった。結果的には、国分寺市はパイロットケースにはなれなかったが、それならばと、再開発にＰＦＩ法を使うということを考えた。しかし、この方法をとることは、当初はたいへん困難だったようで、担当は、くりかえし、ほとんど日参するようにして、建設省（当時）とも東京都とも折衝にあたり、最終的に、都市再開発へのＰＦＩ法適用の第一号になることが、実現する見通しになった。

率直に言って、これはシメタと思った。適用になれば、当初予算の三割は事業者負担で、市が負担をしなくてもすむことになる。ただし、約三〇年の長きにわたって、一定のローンを背負うことになるが、その三〇年間のローンを払うかわりに、専門業者が責任をもって、維持管理も整備もやり、資金の回収にもあたってくれることになる。そして、何よりも前述したようなパイロットケースに対する制度創設者（国）の道義的（？）責任に期待することができる。つまり、それだけ、市の財政負担なしに事業を遂行することができるのだ。

市民文化会館ではなくても、何らかの公共公益施設を核にしなければならないことは、当時、制度上、すでに時期的に切羽つまったところに来ていたので、東京都の都市計画審議会に再付託をした時点から、何を核にするのか、早晩決定しなければならないところに来ていた。それで、広く議会にも市民の方々にも、公共公益施設でより適切だと思われるものがあったら、ぜひ意見をあげてほしい、ということを、くりかえし呼びかけていた。専修学校を入れて、若干でも経済的な収入をあげたらどうかとか、国分寺市には、まだ防災センターがないから、防災センターと集合住宅とを合築にして建てたらどうかという意見も出たが、いずれも帯に短く、たすきに長いために、結局、市民文化会館の線でいくしかないと思うにいたったのだった。二〇〇〇（平成一二）年の市民意向調査でも、三〇〇〇所帯のサンプリングだったが、やはり市民文化会館が第一位だった。

都市基盤整備公団と協力してやることなので、準備だけはしていかなければならない。そのために、どういう手順と期間で作るのかという、基本計画の検討委員会を設置するという条例案を議会に提出した。ところが、与党（共産党）はあくまで〝箱物〟反対で、この条例案は取り下げてくれといい、私は取り下げないといった。しかし、もし議会で否決されてしまうと公団とトラブルになるかもしれないという担当の声があって、不承不承取り下げようかということになった。ところが、議事運営委員会では多数が、取り下げは認められないといって、そのまま議決に入り、与党も含めた多数で否決されてしまった。しかも、あとから分ったことだが、与党は野党をまわって、「与党は否決に回るから」ということを通告していたという。それはすぐに市の職員にも伝わり、ほんとうは市長は本気で市民文化会館に取り組む気はないのではないか、という不信感を生むことにもなった。

この市民文化会館の推進をめぐっては、次の市長選を目前にひかえた二〇〇一年の三月議会で、突然、与党から再度の市民意向調査が提案されて、思いもよらず、市長選の争点になってしまったのだが、それについては第八章で述べる。

じつは、公共工事是か非か、箱物建設是か非かという議論についてだが、なんでもかんでも反対ということが、ほんとうに適切なのかどうか、疑問がある。再選を果たせなかった二度目の国分寺市長選のほぼ一カ月後、二〇〇一（平成一三）年七月に参議院議員選挙があって、翌日の夜、NHKが参議院議員選挙をふり返るという各党書記長・書記局長による二時間の（ニュースをはさんで）討論番組をやった。そこで、たまたま公共工事論になったときに、共産党の書記局長も、公明党の幹事長も、こもごも「われわれが公共工事あるいは箱物反対と言っているのは、何でもかんでも全部反対だと言っているのではない。われわれが反対するのは、飛行機を飛ばす必要のないところに空港を作ったり、車がそんなに通らないところに高速道路を作ったり、あまり船が出入りする必要のないところに港を作ったり、そういう公共工事はやめるべきだと言っているのであって、やみくもに、およそ公共工事いっさいはすべきではないなんて言ったら、市町村の場合には行政が成り立っていかないということも、よくわかっている。だから、そういう意味で、実態に即した公共工事についての施策を吟味すべきなのであって、頭から一律全部マイナスだと言っているわけではない」という趣旨の説明をしていた。

これは、私からみても当然のことだと思っていた。ほかの施策でも、一般的に必ずしも進める必要のないことでも、地域によっては必要なこともあるし、一般的には必要だといわれることでも、地域によっては不必要なこともある。市町村の場合には、当然、総論ではなく各論的・個別的な認識と発想が必要なのだ。

しかし、国分寺市では、与党の共産党も、野党の公明党の声の大きい議員たちも、建設反対だった。要するに、公明党は、共産党推薦で市長になったが、その後必ずしも推薦政党の代弁者にならなかったことで、支持層の厚くなってきた私に、市長選三カ月前のこの段階で、私にマイナスを背負わせることによって、日頃市政に格別の関心をはらわない大多数の有権者を私への支持から引き離そうと考えたのではなかろうか。そのように考えても不思議はない。そう考えたとき、〝箱物〟反対・公共事業抑制という、基本的・総論的な党のスローガンを機械的にふりかざして、党の方針に忠実たらんという態度をかたくなに貫こうとした共産党の態度は、おろかと言うほかはない。

西国分寺駅東地区再開発問題に関連して、触れておきたいことがある。

自治体であれ国であれ、行政の長としてその任にあたるものは、そのとき、そのときの市民、都道府県民、国民の要求、批判だけにとどまらず、少なくとも五〇年先の時点で、あるいは一〇〇年先の時点で、ふりかえって省みたときに、やはり、あのときの選択は誤っていなかったとの評価に耐え得るだけの、長期的な視野、展望で、行政上の課題を処理しなければならない、ということだ。私は、西国分寺駅東地区の再開発については、駅のすぐ近くにこれだけの土地が活用できることは、おそらくこの先考えられないことで、将来ふりかえって、あのときの判断は正しかったといえるものを建てる必要があると考えていた。推進派の議員は、「お金があろうとなかろうと、やらなければならないことがある。こういうとさだからこそ、文化を大事にしてほしい」と言っていたが、私もその通りだと思う。文化は人の心を奮い立たせる。即時的な意味だけではなくて、時代をこえて活力を生み出していくものではなかろうか。

いまひとつ、この機会に指摘しておきたいことがある。それは何かというと、今日ただいまの緊急課題、つまり、不測の突発的事態が生じた場合の市民の安全確保という危機管理の課題について即断を迫られた場合に、行政の長たる者は、つねに的確な判断をしなければならないということだ。たとえば、首都圏直下型地震のような天変地異に襲われたときに、いかに自分の住む自治体の住民の危機を回避し、安全を確保するか。そのために行政の長として、何をしなければいけないか。この状況の把握と、誤りのない判断を、つねに、いついかなるときでも求められることがありうるということだ。

旧新日鉄グラウンドの売却をめぐって政治問題化する

国分寺駅のすぐ近くの北東側に、旧新日本製鉄のグラウンドがあった。線路のすぐわきには、ほんのわずかな距離だが、桜並木があって、そこを地元では、なだれ上公園と呼んでいた。このグラウンドの問題に、最初に私がふれたのは、一九九七（平成九）年の選挙のときで、与党のなかから、選挙公約の一つに、「なだれ上公園、つまり新日鉄グラウンドの市民の利用への開放を進めます」という項目を入れてほしいといわれて、もっともなことと考えて公約に入れたことだった。長らく使っていなかった新日鉄グラウンドを、使っていないのなら、せめて売るまでのあいだだけでも、市民に開放してもらえないだろうかということで、市政上の課題になってきたようである。

さて、この問題が政治問題化したのは任期の中ほどで、このグラウンドを新日鉄が処分することが具体化する段階で、さまざまな動きが出てきたのだった。

私が就任した九七年の九月のある日、早稲田実業学校の理事長、つまり、早稲田大学の学長でもあり、早稲田学園の総長でもある奥島孝康氏が、国分寺に私を訪ねてこられた。じつは奥島氏とは旧知の友人関係であった。四〇年前に私がまだ学芸大学の助手をしていたころ、奥島氏は、早稲田大学の助手をしていて、毎月一回、都内大学の若手研究者が集まって研究会をしていた頃に、会っていた。なつかしいなあという話のあと、「早稲田が新日鉄からグラウンドを買ったので、二〇〇一年に小学校も含めた小中高一貫学校を作りたいと思っている。ついては、所在地が国分寺だから、国分寺さんにも、ぜひご理解を願いたい」ということで、その挨拶に来られたということだった。その席で初めて、新日鉄がこのグラウンドを早稲田実業に売ったという話に接したのだった。私は、「早稲田が来てくださるんだったら、結構な話じゃないですか」と言って、そのときは、それで終わった。

新日鉄グラウンドは、将来の都市計画公園に指定されていたが、じつは、その一年前の前市長時代に、新日鉄から国分寺市に、この指定を取り外してほしい、また、できたら国分寺市が買い取ってほしいという申し出があった。市は財政困難でもあり、それはできないと断ったという経緯がある。新たに持ち主になった早稲田実業にも国分寺市からの三条件を示した。それは次のようなものだ。

◇将来、国分寺市がそこに都市計画公園を作るときには協力してほしい。

◇一定のスペースを市民の散策路などに提供してほしい。

◇国分寺駅北口を中心とした駅周辺の整備をしているので、これに調和するような使い方をしてほしい。

場合によっては校舎の取り壊しも含まれるが、近い将来、国分寺市が買い取る財政見通しはないと見越したのか、早稲田実業もこの三条件を受けいれて、二年後に覚書を取り交わすことになった。

しかし、最初に奥島総長が訪ねてこられたとき、その席には、当時の企画財政部長も同席していて、奥島総長が帰られたあと、「そんなに話がスムーズに行くとは限りませんよ、ダメになるかもしれませんよ」と言っていたが、今にして思いあたる。私は何も知らなくて、「それならそれで、仕方ないじゃありませんか。それは売り手と買い手の問題なんだから。ただ、所在地が国分寺だということで、その売り手と買い手の商取引がきちんとすれば、われわれとしては、それについて、できるだけ誠意をもって対応するだけの話です」と、そう答えていた。

ところが、じつはかなり前から、あるディベロッパーが、やがて遠くない時期に新日鉄がグラウンドを手放すだろうから、それを買い取って、そこに一大プロジェクト、つまり団地を作ったり、都市公園を作るために、巨大投資をしようとしていたという話を、あとから知ることになった。都内の業者がこの問題にかかわって、新日鉄とさまざまな折衝をしていたというのである。そして水面下で、この業者と、市の開発を担当していたまちづくり推進課の複数の職員が、一部の議員とともにチームを組んで、さまざまな活動をしていたということも、私はあとから知った。

そういえば、まちづくり推進課の職員は、あるときいきなり業者を連れて、市長に面会したいといってきたことがあった。現場の一職員がいきなり業者を連れてくるというのは、通常の市役所のルールにはありえないので、断って帰したこともある。また、その次には、業者の社長が、何の前触れもなく、いきなり秘書課に面会に来たということもあったそうだ。そうしたことから考えると、何かの話し合いが進んでいたとしか思われない。彼らは、当然、業者がこの土地を買収して、やがて先行投資が大きな利潤を生み、それは結果として、市民にも役立つと考えたのではないかと思われる。

しかし、どういうプロセスかはわからないけれども、新日鉄が早稲田に売ることに決めたものだから、業者と、一部議員やまちづくり推進課の職員にすると、それまでの活動が水の泡ということになる。それで、以後、私に攻撃の矛先が向けられることになった。彼らにすると、あそこまで話を進めていたのに、新日鉄が早稲田に売ることにしたのは、市長が早稲田のほうに話を誘導して、側面から助力をしたにちがいない。そういうふうに勝手に思って、私に攻撃の矢を向けてきた、としか思えない。

議会では、野党の一部議員は、私の知らない、内部の者しか知らないような資料を材料に使って、この問題について市長はどういう考えなのだ、市長は早稲田の話をストップしてでも検討することができたはずだ、都市計画公園を作るときに早稲田が立ち退く保障はどこにあるのか、などといった追及まがいの質問を何度もしてきた。例の業者は、議会が開かれるたびに傍聴席のいちばん前に座って傍聴していた。

たまたま早稲田の総長が、私と旧知の間柄だったということから、市長もグルなんだと、あるいはグルにして追及をしなければならないと、作戦上、考えたのだろう。市長は、早稲田と組んで、本来、件《くだん》の業者に売るはずだった土地を早稲田のほうに誘導するのに一役買った、こういう市長が許せるかという問題に仕立て上げようとしたのだ。結果的にはそうはならなかったのだが、私の立場からすれば非常に不愉快なことで、彼らからすれば、思惑通りうまく事は運ばなかった、先行投資が先行投資として生きなかった、ということになる。そういう複雑な疑心暗鬼から、政治問題化したというのが、この事件の真相であるといえる。小さな自治体ならではの、不明朗な出来事の事例だったといえるだろう。

都市マスタープランは議会にはかるべきか

現在の都市計画法一八条の二では、「①市町村は、……都市計画に関する基本的な方針を定めるものとする」と定められている。すべての地方自治体は、都市づくり、まちづくりのためのマスタープランを策定しなければいけないのだ。国分寺市もそれにもとづいて、都市計画審議会に諮問していたが、その原案がまとまったので、全市を一〇の地域に分けて、その地域ごとに住民に集まっていただいて、市の考えを説明し、住民の意向を聞いて、都市マスタープランの青写真を作っていった。年数がたてば、なかなかその通りにはいかないけれども、マスタープランを基本に、国分寺市の将来計画を具体化していかなくてはならない。

ここで何が問題になったかというと、私が市役所に入る二年前に、国分寺市の都市計画審議会で、都市マスタープランの原案の議論がされていたときに、ある議員が、「この都市マスタープランができたら、これは、議会に案件としてかけてほしい」と、要求したら、当時の担当部長は「まとまったら議案に付します」と答弁をしたという。ところがそれは、とんでもない法律の読みちがいで、私が市長になってから、二年目のときに、その問題がまた、本会議で出てきて、こんどは新しい部長が、「前には、そういう答弁を申し上げましたが、あれは法律の読み方がまちがっておりまして、これは議会の議決にはかけません。報告はいたしますけれども、議決案件とはいたしません」と答えた。すると、「前に言ったこととちがうではないか。どうしてこんどは議会に提案をしないのだ」と、山崎市長になってから議会にかけないというのだから、市長が違約をしたのだと言わんばかりに問題にしてきたのだった。

細かい法律の説明ははぶくけれども、マスタープランというのは、総論的な全体の見取り図で、写真やグラフが入ったかなり大きいものだ。そのなかには個別の課題があって、個別の案件は当然、議決に付さなければいけない。しかし、何年かたって町の状況その他が変わっていったときに、各論も変わっていく可能性がある。そのときに、もし総論的な親のマスタープランも議決していると、総論と各論とがつながらなくなる恐れがあり、その都度、各論だけではなく、総論まで修正しなくてはならなくなって、手続き的にはどうしようもなくなってしまう。さらに、同じ案件をもう一度議会に諮ることになるので、一つの案件は、同一会期中再度議会に諮ることはしないという一事不再議の原則に抵触することになる。そこで、都市計画法では、総論のほうは一括して承認をしておけば、いちいち議決に付さなくてもいいとなっているのだ。

しかし、反山崎の議員のほうからすると、議会軽視だということになって、もめることになり、私は、できないものはできない、とつっぱねた。最後までもめたが、これは、お互いに、自分の理解するところを言って、すれちがいで終わってしまった。そうした無用の議論のために、あたら貴重な時間が費やされることになってしまった。

第四小学校用地の難問は陳情直後に解決

団地ができる関係で国分寺市立第四小学校を新しい場所に移築することになったが、まず、一・三ヘクタールの広さを確保できるかどうかということで、すったもんだした時期がある。

すなわち、ＪＲの鉄道学園が撤退した跡地をどうするのかというので、東半分は都立公園に、西半分の府中街道寄りに住宅を建設する計画が決まっていた。それをやるのは、東京都住宅局、住宅供給公社、住宅都市整備公団の住建側三者だが、一〇〇〇戸以上の住宅団地を建てるときには小学校を一校、二〇〇〇戸以上になると小学校一校と中学校一校を、住建側三者が負担するというのが、従来からの慣例になっていた。それは、国分寺市の住宅開発要綱に明文化されていて、同じようなものは、たいていの自治体にあった。それにもとづいて、一九九三（平成五）年に、小学校を一つ、住建側が建設するという協定を結んでいる。

住宅ができた段階では、通学区になる第四小学校では、とうてい子どもたちが入りきらなくなるが、新しく作るという確認ができていたので、改修などはしないできていた。

建設予定地は、当時の第四小学校と道路を隔てた東側にある、一・三ヘクタールの郵政住宅の跡地だった。

ところが、九五年になって、財政がきびしくなった折から、建設省（現国土交通省、以下同じ）から、学校などの公共施設は自治体側が負担をして建てるものであって、住建側がそうした負担をするのは好ましくないという通達が全国に出された。それでも、従来の確認にもとづいて話し合いを続けていたのだけれども、九八年の八月になって、建設省からの強い指導があったのだろう、突然、住宅都市整備公団は、小学校建設はできないと言い出し、市側の担当と押し問答になっていた。住建側三者が市役所に来て、私も会うことになったので、私は「計画の当初から、そういう線で相談してきて、ＰＴＡもそれを信じてこれまでやってきている。そういう信頼関係があるのだから、一方的に信頼関係を損なうようなことはしてほしくない」と、申し上げた。ご趣旨はよくわかりましたと言って、みなさんお帰りになった。

しかし、すでに住宅の建設は始まっていたし、信頼関係だけで押していっても、展望は開けない。そこで、半分については、当時、東京都議会の野党第一党だった共産党の幹事長ががんばってくれて、東京都の副知事にお会いすることができ、その結果、東京都と住宅供給公社が、従来通り負担をしてくれることになった。さて、残りの半分をどうするか。このままでは市が負担をしなくてはいけない。そこで、見かねた当時の市議会議長が橋渡しをしてくれて、通産政務次官（当時）を仲立ちに、建設省の審議官に会うことができた。私は、当初の約束通りにしてほしいと陳情した。そうすると、なんとその翌週に情勢がガラッと変わってしまったのだ。埼玉と神奈川は据え置き、東京だけは別扱いにするという。つまり、国分寺市の場合は今まで通りにするということだ。

そのかわり、市の土地開発要綱は至急是正することを文書で約束してほしい、それから、土地の取得にあたっては時価で計算してほしい、という二点が付け加えられていた。つまり、原則はダメというものを例外として認めるためには、理由付けがいるのだ。要綱を変えることは、近い将来学校を建てることもないので、問題はない。地価は、協定を結んだ一九九三（平成五）年にくらべると九八年のほうがはるかに安くなっている。だから、向こう側のメンツも立つことになる。ということで、残りの半分も約束通りになって、土地の問題はそれで解決した。

陳情して一週間、その道の政治家が一声かけると、そういうふうに動くというのが信じられなかった。橋渡しをしてくれた議長が、「市長は学者だから真面目一徹なんだけど、この世界は真面目だけじゃ動かないよ」と言う。はじめての経験だった。

この話とは別に、建設省には何回か行っているが、定期的に毎年予算編成期に必ず行くことがある。それは、東京都市長会からの予算要望の陳情のためだった。三〇いくつかの市町村長が何班かにわかれて、いっしょに陳情にいって、具体的に説明したり頭を下げるのだが、建設省の入口は全国からの陳情団で、ごったがえしていて、芋を洗うようなありさまだった。これだけの人が全国から集まり、これだけの時間を使って、それで事が進まなかったものが進むようになったり、進むものが進まなくなったりするのだろうか、いや、陳情というものはこういうものかと、びっくりしてしまった。関係部局にいくと、向こうも会議があったりして、会えるとはかぎらない。会えないと、受付に名刺入れの箱が何種類かあるので、そこに、来ましたよという意味で、名刺を入れて帰ってくる。そんなことしても意味がないのではないか、いちいち名刺を見るわけがないだろうと思っていたら、担当の役人はどういうポストの人間が来たかを見るのだという。名刺がないと、ここは今年は予算はいらないんだなという扱いになることもある。そういうものなのか、と思ったけれども、率直なところ、この時間とお金はもったいないなというのが、正直な感想だった。

原則と現実が矛盾する市道三四六号線

市道三四六号線というのは、ＪＲ中央線の北、約五〇〇メートルほどの所を東西に走っている道路で、そのあたりには、市の商業の中心地や本多公民館、市役所などがある。東西に伸びている広い道路だが、途中の西武国分寺線との踏切のあたりから府中街道との交差点にかけて狭くなって、くねくねしているが、ここには地主の家があって、ここだけ土地の買収が頓挫していた。膨大な土地を持っている地主なのだが、交渉に応じてくれず、交渉にいって、ひどい目にあった職員も数知れないという。行政手続き上、地主の了承を得ないと、話が進まないために、三〇年このかた、そこだけ工事が進まなくて、道路はそこの屋敷の周りを曲がりくねっていたが、最近ようやく地主も立ち退いて、道路整備も動き出した。

長年にわたって、毎年少しずつ、言い訳が成り立つ程度の土地買収をして、なにもしなかったわけではありませんよといって、翌年もまた国や東京都に補助金を申請する。そうすると、条例、規則の基準にあっていれば、都はまた今年もかと思いながらも出してくれる。しかし、それは血税の無駄使いということになる。東京都のほうから、これ以上計画を先延ばしにするのなら、補助金は出せないと言ってきているのを、市は、「そうはいっても」と、お願いしているというのが当時の情況だった。こういう、何と説明していいのかわからないような話が、地方の自治体にはあるのだということも知ってもらいたいと思う。

昔はお上の御用だからと有無をいわさず取り上げられたけれども、戦後は当然のことながら、

途中で止まっている市道 346 号線（府中街道との交差点）

それが許されなくなった。そのこと自体は大事なことなのだが、同時に、ゴネ得や自己の考えから協力しない場合、どこまでが公共の利益で、どこまでが私的利益と、線引きできるのだろうか。

市道三四六号線には、もうひとつ問題がある。この道路は西武国分寺線と、さらにその東の方では西武多摩湖線と平面交差している。国の国土交通省では、平面交差はなくす方針で、立体交差で上下に交わるようにといっている。交通安全と整理のためからいうと、立体交差に合理性はある。

しかし、お金の問題になると、むずかしくなる。平面交差だったら、踏み切りの幅を広げて手直しをすればすむが、立体交差にすると、掘り下げたり盛り上げたりと、たいへん工事費が高くなる。そうなると、余計な財政支出はしたくないという点では共通しているから、与党も野党も、立体交差はやめろ、平面交差の手直しですませろ、となる。

しかし、今がうまく過ぎればいいというのなら、話は簡単なのだが、一時しのぎで先延ばしにしていっても、いずれ抜本的にやり直さなければならないのだから、それだけ税金が余計に使われることになる。ここで言いたいことは、原則と現状が矛盾をしたときに、どこまで妥協をしていいのだろうか、ということだ。

現場の若い職員から、「市長、これでいいんでしょうか。三〇年もかかって今までやってきたことは何なんですか。そういう妥協をするのが行政というふうに受け止めていいんでしょうか」と切々と訴えられて、私は考えこんでしまった。とかく妥協で事を処理して先延ばしにしていこうとする議会とちがって、一所懸命にやっている職員のほうに理があることが、しばしばで、そういうときに、市長として、その声に耳を傾けてやれないというのは、いかにも辛いことだ。こういうことに答は出ない。せめて、市町村は、いつも、そういうことに直面させられているということ、そういう苦しみを国や東京都にも理解していただきたいと考える。

ほんとうは、税源をいちばん持っている国が、公共性の順位の高いところから、今年は何県の何市のこの道路と、何県何町のこの道路に国費を投じて処理してしまう、いつまでも同じような議論をしなくてもいいように、道路作りをきちんとする、というふうになってくれなければ現場（市町村）は困る。

市のど真ん中を通る都道三・三・八号線計画

都道三・三・八号線というのは、国立駅と西国分寺駅とのあいだを南北に通る予定の幅三八メートルの計画道路のことで、東京都が計画している。東京というのは、東西道路は五日市街道、青梅街道、甲州街道があるが、南北道路が少ない。小規模なものなら小金井街道とか府中街道があるが、南北の輸送路になるところが少ないので、東京都が、往復各二車線、合計四車線で、側道も作るという三・三・八号線を計画したのだった。私は、南北道路も必要だということは理解できるので、一般論としては、反対ではない。いったん災害が起こったときに、救援物資を運んだり、救援の要員集団が行ったり来たりするのには、東西道路も南北道路もある程度は必要だと思う。しかしそれが、まともに自分の敷地を通る人からすると、冗談じゃない、そんなに簡単に認められるか、ということになる。計画線上に二〇〇軒ぐらい家があるし、市役所の駐車場も一部引っかかっている。しかも、この道路ができれば、国分寺市はど真ん中で、市域が東西に二分されてしまう。それに、三八メートル道路だから、騒音、排気ガス、その他、環境汚染の可能性が非常に高い。

その話が起こったのは、前市長のときで、前市長は、半地下にするなど、慎重にやってほしいという国分寺市の意見を、東京都に出している。私は少々甘いとは思ったけれども、それを基本にして、これだけはゆずれませんと言ってきた。「騒音問題、排気ガス問題、緑の問題、つまり環境を破壊しないことと、住民の暮しを破壊しないように十全な注意をしてほしい。そうしたことがクリアされるならば、協力をするのにやぶさかではない」ということだ。

反対派との会合で「東京都が市の要求をきかなかったら、どうするのか」と聞かれて、私は「その場合には、差し止め請求訴訟を起こしてでも闘う」と言ったのが、そこだけ新聞にでてしまった。反対同盟の方々は、やんやの喝采をしてくれたけれども、社民党とか公明党には、「市長、新聞記者が来ているところで、あまり力まないでくれよ」と、渋い顔をされてしまった。差し止め請求というのは、おだやかではないので、それを聞いた東京都からは、「市長の真意を聞きたい。ほんとうにそう言ったのか」という電話が担当課にあったそうだ。しかし、私は何も悪いことは言ってなくて、当たり前のことを当たり前に言っただけのことだと思っている。ことと次第によってはテコでも動かないということは、見せておかなければならない。

道路が市のど真ん中を通ると、市は東西に分断されることになるので、私は、いっそのこと全部トンネルにしてほしいと、都に言ったことがある。東京都は、それはできない相談だ、半地下すらダメだという。そこで、ペーパーで議論ばかりしていてもしようがないから、模型を作ってもってきて見せてほしい、模型を見ないと、じっくりした議論はできないと、つっぱねてきた（いまだに模型を持ってきていない）。とにかく南の府中市までは整備がすんでいて、北のほうの東村山市も一部はすんでいる。まるごと残っているのは、国分寺市域だけになってしまった。

こういう問題を、どういう観点で、どういう物差しで進めるべきか、注文をつけるべきか。そういう議論は、自治体ではたいへん大事で、そういう意味では、道路問題というのは、まちづくりの中で、たんに自動車を通すか通さないかという問題だけではなくて、市民の暮らしそのものにかかわる問題だと言える。

墓地の市街地進出を機敏な対応で阻止

任期四年目の二〇〇〇年夏のことだが、府中街道をちょっと南に行ったところに、ファミリーレストランがある。その先からが府中市という国分寺市域の畑のなかに、墓地が進出してくるという話が起こって、周りの市民が蜂の巣をつついたように大騒ぎになった。それで、何とかしてくれと言ってきたので、自民党と共産党の二人の市議が立ち会って、私も行ってみたら、こんなところに、何もお墓を作らなくてもいいではないかと思うようなところだった。その墓地会社は、都内でも、多摩地域でも何カ所か進出していて、そのひとつということのようだった。

ところが、調べてみたら、こういうものは保健所の管轄で、東京都は保健所の意見によって認可する仕組みになっている。地元の自治体には、何の権限もないことがわかった。しかし、やるだけのことはやるしかないので、ただちに市長名で「その周辺にはお墓を必要としている人はいない。しかも、第一種低層住居専用地域にこういうものを建てるということは、地域の住環境を乱すという点からすると、放置できない。住民から陳情を受けている。その点十分にご配慮の上で、善処を願いたい」と、保健所の所長を経由して、東京都あてに出した。そうしたら、対応が早かったせいか、その墓地会社は、進出をやめることになり、周辺住民からとても感謝をされた。

ここで言いたいのは、住宅地のなかに、住環境にかかわりのある何かを作る場合、問題が重要であり、深刻であるのに、それに対して、地元の自治体に何らの権限もない、という制度の不合理が存在していることだ。管轄しているのは東京都、もっと具体的に言えばこの場合は保健所で、保健所の管轄ということで市や住民の意見が考慮されないのでは困る。こういう地方自治行政のあり方自体、検討する必要があるのではないだろうか。

いずれにしても、ことと次第によっては、現地の自治体としては、非常手段に訴えてでも、住民の福祉を守らなければならない場合があり得るのだということ、いつも上から説得をすれば事がおさまると安易に思っていては、とんでもないまちがいであるということ、そして、早く手を打って、行政と住民が一体となって行動をすれば、こうした問題も防げるんだということを、胆に銘じておかなくてはならない。また、住民は、全部行政にしてもらうというのではなくて、行政と力を合わせて、自分たちの住む住環境の問題については対応していかなければならないし、そういうことについて、よく学ぶ必要があると、私は思っている。

似たような問題に、となりの国立市の「大学通り」沿いのマンション建設の問題がある。不動産会社の明和地所が、国立市の通称「大学通り」に面する土地に、高さ四四メートルのマンションの建設を計画した。これに対し、高層マンション建築によって日照・眺望が害されるとして、地域住民や学校（桐朋学園）が反対に立ち上がった。国立市は、市の景観条例にそって、大学通り沿いの桜並木（高さ二〇メートル）を超える建物の建設は、長年にわたって地域住民がつくりあげてきた景観・環境を害するものであるとして、マンションの高さを二〇メートル以内におさえるよう、明和地所に対して行政指導を続けたが、景観条例自体には強制力はなかった。そこで国立市は、住民の要請をもとに、この敷地の高さ制限を二〇メートル以内とする地区計画を新たに決定し、これが建築基準法の制限となった。しかし、すでに東京都から建築確認を得ていた明和地所は建設を続行し、マンションは完成してしまった。

つまり、マンション建築についての建築許可その他の権限は市町村にはなくて、都道府県にある。市町村にも審査要綱というのがあって、事前に市町村の審査を受けることになっているが、法的拘束力はないから、それを尊重しなくても違法にはならないということになる。一方、権限を持っている都道府県では、都市計画法、建築基準法等の法令にもとづく審査で適法とみなせば、建築確認を行うことになる。

この国立市のマンション建設問題は、裁判所においても争われている。具体的には、地域住民の明和地所等にたいする民事差止・仮処分事件、地域住民の東京都に対する義務付け命令を求める行政事件、明和地所による国立市・国立市長に対する国家賠償請求事件など、三件の訴訟が提起されている。これらの裁判のなかで、二〇〇二年一二月に「景観利益」ということで景観権が東京地裁において認められ、マンションの高さ二〇メートルをこえる部分の撤去が命じられたことが新聞などでも大きく報じられた。しかし、明和地所側も控訴しており、マンションは当初計画どおり建築・分譲され、すでに住人が入っている。従来の景観をとりもどすことは事実上困難であろう。地域住民と国立市は居住環境を守ろうと懸命に努力したが、マンションは建設されてしまった。明和地所は、住民が長年にわたってつくりあげてきた良好な環境をセールスポイントとしてマンションを販売したのである。

憲法九四条には、「地方公共団体は、法律の範囲内で条令を制定することができる」とある。ところが、かつては、法律の規制よりもきびしい規制をすると、憲法九四条にふれるというのが一般的だった。しかし、それでは、いったい地方自治の本旨（憲法九二条）というのは何なのだということになり、少しずつ見直されてきた。地方には地方特有の条件があるのだから、住民の健康、人格を侵害する恐れのあるものについては法律を越える規制をしても、そのほうが地方自治の本旨に近いのだという理解が出てきて、いわゆる〝横出し条例〟〝上乗せ条例〟を認めるようになってきた。ただ、いまのところは、憲法と地方自治をマッチさせるために、大気汚染防止法とか振動防止法など、国の法律で特例として横だしや上乗せを認めているから、という論理構成にした。だから、法律が認めていないものについては、横だしや上乗せを市町村が条例で規制しても、それは合法なのかどうかは、新しい事例で新しい裁判で、判例がどうなるかを見てみないとわからないという壁がある。

市町村合併は地域の歴史や文化をきちんとふまえた上で

知人と、久しぶりに雑談をしたら、市町村合併の問題は、いいか悪いかという問題ではなく、好むと好まざるとにかかわらず、どの自治体も直面していて、一定の方針を早急に出さなければならないような状況になりつつある気配だという。市町村合併は、二〇〇五（平成一七）年の三月までに肯定的な方針を出すと、財政上の特別な配慮（援助）をしてくれるというので、動いているところが多い。

東京では、秋川市と武蔵五日市町が合併して、あきる野市ができ、さらに田無市と保谷市が合併して西東京市ができた。しかし、それぞれ意味は多少ちがうけれども、必ずしも問題がないというわけではない。東京の二六市というのは、全国的にも珍しい地域で、さして広くない地域に二六もの市（基礎的自治体）が密集している。しかし、それぞれが、固有の歴史や文化を作りながら、それぞれが固有の自治体として明治以来発達をしてきたので、よほど実質と手続きとが考慮されないと、うまく、まとまらないのではないかと、思う。

国分寺市についていえば、国分寺史跡を中核として、それを誇りにしながら育ててきた。だから、にわかに周辺のどこかと合併しようという話は出ていないけれども、市議会議員のある人は、国分寺市だけでは財政的に自立がしにくい、したがって、時代の趨勢でもあり、どこかと合併を考えたほうがいいという考えのようで、以前からいろいろな集会で必ずそのテーマに触れるようにしている、と承知している。

ところが、二〇〇〇年二月二五日の東京都市長会で、突然、東京都から「東京都市町村合併推進要綱（仮称）」が示された。そこには、三月中に市町村長に合併に対する意向調査をおこない、具体的な合併パターンを含む要綱を作成し、公表するとある。いったいこれは何だ、ということで、会場は沸き立った。少なくとも市町村の自主性を尊重してもらわないと困る。国の主導でこんなことをやられてはたまらない。いくらたんなる試みだといっても、こういうものを作って拡げたら、既成事実になるだろう、という議論が沸き起こった。しかし、東京都の役人は、けっして他意はありません、とのみくりかえすだけだった。こういうことも出てくるので、各市はお互いに協力して変なことが出てきたら、すぐに問題にする構えだけは取っておかなければならない。

合併というのは、戦後一貫して国がすすめてきた政策だ。日本の地方自治は、都道府県と市町村という二層構造になっているが、こんなに狭い日本に二層構造が必要なのかということは、前から議論があった。しかも、二層構造であるがゆえに、国の意志が地方の末端まで、なかなか通りにくい。そのために、二〇〇〇年の地方制度調査会の最終答申でも、いわゆる道州制を肯定的な継続課題に位置づけている。

国のほうには、終始一貫して、市町村合併をすすめる意図が明白で、おそらく、この機会に、財政窮乏を克服する一つの手段としても、有事法制やその他の問題になっているような法体制の再編を進める意味からいっても、市町村合併をして整理したいと考えているのだろう。それが、二層構造に手をつけるのか、いきなり三三〇〇の市町村レベルを何らかの方法で一〇〇〇ぐらいにまとめるのか、そこのところはわからないが、かつて議論された道州制から考えると、都道府県レベルを八つぐらいにまとめて、国の出先にする、そして、三三〇〇ほどある市町村を一〇〇

○ぐらいにまとめる、そう考えているのではないかと、私は懸念している。

いずれにしても、この議論は今後、かなり活発になっていくだろう。それだけに、どこの自治体にとっても、合併するのかしないのか、そのことを早い段階で、市民の人たちに投げかけておいたほうがいいのではないだろうか。具体的に国から投げかけられた時に、あるいは、すでに数多くの自治体が合併をしたり、住民投票で賛否を問うているところもあるので、いずれ問題が身近になってくるだろうが、その時に、市民としてどういうふうにそれを考えるか、やはり議論するチャンスを作っておいたほうがいいのではないかと思う。

地方自治の現場たる基礎的自治体がこの問題を考えたり、議論する場合の観点や原則を、私なりに明らかにしておきたい。

私は、EUの形成過程を遠い参考パターンに比較類推をしている。第二次世界大戦までは、ヨーロッパは、いろいろな国が錯綜した力関係のなかで攻めたり攻められたり、なかなかまとまりづらくて、ナチスの蹂躙を許したり、独裁政権を生んだりしてきた。それが次第に、ヨーロッパは一つだという理念にもとづいて欧州経済共同体(ECC)から欧州共同体(EC)、さらに今の欧州連合(EU)に向かって、まとまってきた。小さな国境にこだわるべきではない、ヨーロッパとしてまとまろうという歴史の流れと並行して、上から網をかぶされて、どこへ連れていかれるかわからない、そうなってはならないという動きも起こってきた。各国の固有の歴史や文化を、その国民・住民が主体としてきちんと担っていくベースを作ろうというので、欧州評議会でヨーロッパ地方自治憲章が一九八五年に制定されている。そして、国連でも、欧州が主になって、ヨーロッパ地方自治憲章をたたき台にした世界地方自治憲章を提案する動きが、かなり具体的になってきているようだ。

そういう動きは、一つの教訓的な示唆になるのではないだろうか。つまり、この狭い日本で、小さな自治体がどこもかしこも市民文化会館を作らなければならないかというと、それは無駄も多いし、経済的にも成り立っていかない。だから、まとまっていかなければならない必然性もあるけれども、そういう傾向が出てくればくるほど、今の基礎的自治体が、自分たちの地域の歴史や文化をきちんと担っていかなければならないのであって、自治体がしっかりしていないと、上から、国の出先機関のようにされてしまうのではないだろうか。それでは、今の憲法にある地方自治の理念が、どうなっていくだろうか、と心配になる。

戦後やっとの思いで営々と築いてきた地方自治が、一挙に、また国の出先に組み込まれたりすると、地域の自治というのは何なのだ、住民が主人公という考え方が生きられるのかという心配がある。ヨーロッパ地方自治憲章から世界地方自治憲章へという、そうした流れを頭において、わが国の市町村合併の問題についても、見つめていく必要があるのではないだろうか。

市内の緑と史跡を結んだ遊歩道計画――歴史のまち国分寺市の将来構想

ここで、私の頭の中にあるまちづくり構想をご紹介しておきたい。それは、国分寺市に残された豊かな自然と、歴史的遺跡を結ぶ遊歩道を作ることだった。

中央線国分寺駅北側に、日立製作所の中央研究所があって、そこには非常に貴重な緑が残っている。湧水の源も、そのなかにあって、同時に、玉川上水からの流れもここの近くを通っていく。その近くに、市道二二九号線がある。これを相互交通の自動車道にするか、それとも遊歩道にするかというので、かなり長い年月のあいだ手つかずでおかれていたのを、私の就任二年目の終わりごろに、自動車は通さないで遊歩道にすることにして、先般、ようやく完成をみた。その道を中央線に沿って西国分寺駅に向かうと、姿見の池という、昔、遊女が自分の姿をうつして見て飛び込んだという言い伝えのある池があって、このへんも貴重な緑地が残っている。

それから、少し先に広大な旧国鉄の中央鉄道学園跡地が、いまは都立武蔵国分寺公園に生まれかわっている。西国分寺駅から南に出ると、そこは旧鎌倉街道といわれる古い街道跡。そこを歩いて南に行くと、旧国分寺の尼寺跡がある。このへんに、非常にいい自然が残っているし、国分寺本寺にも広い芝生と、七重塔の跡などもある。ここが全部買収できたら、尼寺と本寺をふくめて奈良のように、史跡公園にするといいだろう。そこから、国分寺駅に戻る道筋に、殿ケ谷戸公園というい い庭園が残っている。さらに、国分寺駅のすぐ南には、真姿の池という名水百選の水源地がある。このように、自然と歴史を結ぶ遊歩道を作り、国分寺遺跡は史跡公園として残すことを、私は考えていた。この上に、都市マスタープランを重ねて、まちづくりを進めていこうというのが、私の夢だった。

お鷹の道遊歩道

真姿の池湧水群

旧鎌倉街道の切通し

旧武蔵国分寺七重塔跡付近

国分寺の楼門から本堂を見る

旧武蔵国分寺尼寺跡

第七章　立ちふさがる壁

予想をくつがえしてのこととはいえ、はからずも市長職についたからには、市民本位の市政への転換をめざして取り組もうと決意していた。しかし、初めての行政の世界はあまりにも知らないことばかりで、それこそ一つひとつが、市政の転換をはばむ壁のように感じたものだった。人事上の壁、組織上の壁、事務手続き上の壁、慣習の壁など、壁は一つではない。私が直面した壁のいくつかを書いておきたい。

人事のむずかしさに直面する

大きな壁のひとつに、人事の問題がある。

まず一番目に、どう市政を切り開いていくのかということについて相談相手というか、ブレーンが不在で、まさに手探りで人事をやっていくしかなかったということがあげられる。当然のことなから、部課長や職員たちなど庁内にも相談相手はいなかった。選挙にかかわっての与党といえば、共産党と新社会党、無所属になるが、本来は、あまり敵対するはずがないと思っていた三人の旧社会党は、新社会党、社会民主党、無所属とわかれていて、この社会民主党や無所属になっていた二人は、相談相手にはなっていただけなかった。選挙のときには仲間であった、いわゆる市民運動のリーダーたちも、行政の実際において相容れないことがあり、いろいろな運動にたずさわっていた市民の方々も、多くは政党に系列組織化された活動家、ということを強く感じた。

それから、これも本来だったら提携して、一緒に市政の転換に力を合わせうるのではないかという期待を持っていた職員組合であったが、あにはからんや、保守の前市長を支持する立場で、職員組合とも力を合わせることができなかった。

そうした状況のなかで、予備知識なしで、まずは人事に取り組まざるを得なかったのである。二番目に、当然のことながら人事はやり直しがきかず、どのような人事をするかは、市長の見識や力量を問われる重要な部分だということだ。

人事というものは重要なだけに、むろん、そう簡単に処理できる問題ではないと思っていた。動かされる本人にとっても、どういうところにどういう理由で動かされるかということは、かなり大きな問題だし、市民の人たちにとっても、どのポストにどの人が新しい部課長になってくるかということは、かなり影響が大きい。同時に、日本の公務員制度の常として、人事というのは、そう簡単にやり直しがきかない。いったん部課長にすると、それが不適切な人事であるとはっきりしても、部課長から役職なしの平職員に戻すことは、一般的にできない。もしやったとすれば、それは公務員法上の不利益処分になるので、人事委員会へ提訴され、異動させたことの当否が法的に審査されることになる。それだけに、適切な人事でないと、本人のみならず市民にも影響がでるし、任命権者の市長の責任にもかかわるので、人事はたいへんむずかしい。

そこで、市長就任後の人事方針として、最初は必要最小限度の人事異動にとどめる、役職者の総入れ替えを意味するような人事異動はしない、そういう方針を立てていた。少なくとも一年ぐらいは周囲を見渡して観察しないと、職場の状態や人的配置の意味がよくわからないだろうと思ったからだ。

市役所というところは、通常四月一日に部課長の人事異動をやり、七月の一日に係長以下の一般職員の人事をやることになっている。私が就任したのが七月の半ばだから、その年の、つまり一九九七（平成九）年の人事は、すでにほとんど済んでいた。

翌九八年の二月に、新しい助役が選任された。前市長のころにいた助役は能吏のほまれ高い人だったが、私が市長職に発令される数日前にやめていて、私の就任以後約半年近くは助役なしできたことになる。

助役が大事だということは、観念的にはわかっていたけれども、どういう人を助役にしたらいいのか、そのときには、そういう知識も見通しも私にはなかった。新しい助役の選任は、じつは与党の共産党と野党の自民党との話し合いの結果、決まったことだったと、あとで知った。行政事務の相談相手として、なんら不満を言うところではないので、そのように任せることにしたけれども、このことは、のちにいろいろな問題を生むことになる。なかなか人当たりのおだやかな、如才のない人だが、一部の市民運動の人たちには不評だった。なぜ不評なのかはわからないが、私を支持していた元部長のある方は、「彼を助役に選任するようならば、私は山崎さんとは絶交をする」とおっしゃったそうだ。しかし、こういう言い方も不思議なことで、人事は市長の思慮判断で決まり、それを尊重すべきで、他の人が「私は反対だ」と考えることはあり得るが、それで市長への支持をやめるというのは、筋ちがいもいいところだと言うほかはない。

元部長のこの方は、当然のことながら、市の職員については、いろいろな知識を持っていて、私が人事について知識や方法もないことから、少なくとも九九年ぐらいまでは、この人の意見が職員課に反映したのではないかと、後から批判が出てくるケースがいくつか出てきた。

九八年に、それまで福祉事務所長だった人が、総務部長の候補として出てきた。私は、職員課が人事の原案を出してきた段階になって、はじめて、どういう人物なのかを知り、とくに異存はないからそれでいいという形で、その原案を市長原案にしていた。しかし、この人事は不評で、庁内では、あれは市長の人事ではなくて助役の人事ではないのか、という噂がかなり流れたようだ。そのように結果として問題だったと思うこともいくつかある。

ただ、そういう批判が議会で出たときには、それをうかつに認めると、市長の人事権の行使の誤りということになるから、特段の違法行為がなければ、「よく注意いたします」という形でしか対応できない。そういうことがいくつかあって、人事問題についてのむずかしさを味わい、また、人事の適切さを欠くと、行政全般についての市長の見識や力量が問われる、相当に重要な部分なのだということを、反省を含めて、ふりかえっている。

三番目に、市の職員の縁故採用という問題がある。二年目の、つまり一九九八（平成一〇）年の新規職員の採用にあたって、職員課長が、「議員さんのほうから特にご配慮を願いたいというご希望が出ているんですが、いかがいたしますか」と言ってきた。私は、「人事についての公正さを維持することは、市政革新の重要な原則だと思っているから、どういうご要望があっても、すべて無視してください。与党であれ野党であれ、私は、人事について政治的な考慮はしない主義だから、一律に全部断ってくださって結構です」と返事をすると、「ほんとによろしいんですか」と言う。そこで、「結構です」と言った。そこからうかがい知れるのは、前市長のときまでは、市長と与党の指導的部分とのあいだには、職員人事にさまざまな考慮が払われていたのだなあということだ。

事実、時間がたつにつれて、地縁血縁のというか、縁故的なつながりで職員になっている人が予想以上に多かったことがわかってきた。一般的に、どこの自治体でも縁故採用人事という話を聞かないことはないが、国分寺市では、一つや二つのレアケースではなくて、比較的近年まで相当にあったと言われている。某議員の息子だとか娘だとか、某部長の甥だとか姪だとか、某議員の口利きで職員に採用されたとか、そういう職員が意外に多い。これは大変望ましくないことだが、特別なことがなければ、本人が辞めるまでは、一般職員の人事をどうこうすることもできない。

そういうところから、前市長派と言われる職員がかなりいて、そういう職員が、市長や助役すら知らない資料を野党に回したり、私の指示をサボタージュすることもあって、前市長派の部長たちが、早く定年になって辞めてくれないかなあと考えないわけにはいかないような状況がかなり続いていた。私の就任二年後に定年退職したある部長は、「在職中にいろいろやりたいこともあったけれども、うかつにやると山崎市長の功績になるから、おれはやらなかった」と言っていたという話も耳に入っている。そうした前市長派にたいして、反前市長派の職員もいて、大きな二つの流れがあるということも、次第に私の知るところになった。

四番目に、人事だけは市長の専権だから、できれば在任中にやっておけばよかったと、後悔で臍をかんでいることがあるので、言っておきたい。

市の西部地区にひかりプラザという市民のための集会施設があって、そこに係長待遇の非常に有能な女性職員がいたのだが、夫君が市役所の部長になったので、退職されてしまったということがあった。地方自治体では、夫婦そろって管理職にしないという慣例があるところが意外に多く、国分寺市でも聞いてみると、夫が課長までなら問題にならないけれども、部長になると、慣例が生きてくるらしい。

前に、同じようなケースが高崎市で問題になって、はじめてそれを打ち破ったと、ニュースになったことがある。当時、大学の教員だった私は、役所というところは何てバカなことをしているのだ、と思っていた。だから、市役所に入ったときに、こういう不合理な慣例は、ぶち壊してやろうと思っていたのだ。ところが、同じようなケースが国分寺市で起こったのに、私が気づいたときは時すでに遅く、本人は辞表を出していて、辞表が職員課にまでいっているではないか。そうなると、私から復職して課長になりなさい、とも言えない。そういう情報が、早く私のところに届いていれば、辞表が来たときに、「個人的な理由で辞めたいんだったら辞めてもいいけれど、そうでなかったら、こんなもの出す必要はない。次の人事のときにそれなりの処遇をする。そうすることによってしか、役所の人事というのは良くならない」と、説得できたかもしれない。絶好のチャンスを生かすことができなくて、残念に思っている。こうした慣例で、有能な職員を失うということは、市民にとっても損失だと思う。

五番目になるが、日本共産党五名と新社会党一名、無所属一名の、与党の人事についての姿勢について感じた問題を、言っておきたい。

職員人事について、与党第一党の共産党は、これまで少数野党であったためか、あまりこれといった意見を持たなかった。このことは、人事について議会内会派の政党がしゃしゃりでたり不当な介入をしたりという、そうした恐れがないという意味ではプラス要因になるが、逆に、どういうポストに、どういう人材をあてるべきか、どういう配置にすべきかという戦略論も特別には持っていないという意味では、つまり、市長たる私が何か相談をしてもほとんど相談に答えてくれる知見を持っていないという意味では、マイナス要因だったと言っていい。逆に、無所属の議員は、人事についてはある要望というか意見を持っていて、三年目ぐらいからだろうか、「あまりに市長が自分の人事についての意見を取り上げてくれない」と、強い不満を漏らされた。このことは後に、「変えよう国分寺市民の会」(「変える会」)から抜けていく、つまり、二期目は山崎を推さないということになった、大きな原因になった。

四年間、人事の経験を積んでくれば、職員の人事については、それなりに、いろいろなことがよくわかってきたので、革新的な住民自治を築いていく上で、いかに職員人事が大事かということについては、それなりに理解、会得してきたつもりだ。しかし、問題の所在に気づきながらも、ほとんど取るべき手立てが取れないままに終わってしまったことのひとつに、市の外郭団体の役員人事ということがある。

市にはさまざまな関連団体があって、そのなかには、市が補助金を出している団体もあれば、補助金は出していないけれども、地方行政にとって不可欠な重要な仕事をしている団体もたくさんある。そうした団体の役員人事については、当然のことながら、市としては直接に関与できないが、こうした関連団体で、どういう人が役員になられるかというのは、市政のありようにたいへん大きなかかわりをもってくる。

ところが、団体の種類はちがっても、出てくる役員はいつも同じ顔ぶれという傾向が、けっして少なくない。だから、市がどれだけ新しい関係、新しい仕事のやり方を創造していこうとしても、そういう団体が十年一日のごとく古い考え方の役員を出してくると、なかなか市政が円滑に進んでいかないということが生じてくる。こうした関係団体の人事からくるさまざまな市政への影響にたいして、どう民主主義的な影響を及ぼしていくかが、たいへん重要な課題だと、いわざるをえない。

一つの例として、民生委員があげられる。たしかに民生委員は手当てが非常に乏しいなかで、地域の弱者にたいする保護、援助の任に当たっていただいていて、仕事はたいへん重要なのだが、この民生委員協議会というのは、七十何歳かの定年があるだけで、それ以外には何の規制条件もない。だから、地域で政治的影響力を拡げようと考えるような人にとっては、民生委員に自分、あるいは自分の系列の人をその任にあてることが、たいへん大きな力の源になる。そうした事柄について、どう民主化をはかっていったらいいのだろうか、どう改善していったらいいのだろうか、ということが、宿題のまま終わってしまった。

人事についての市民団体の安易な考え方

人事に関わって、もうひとつあげておかなければならないことは、〝市民団体〟と称する市民グループのなかに、人事の重要性ということについて、なかなか良識が育ちにくくて、そのために市長がたいへん大きなダメージを受けたり、迷惑をこうむったりすることが少なくなかったことだ。その最も大きな悪影響を生んだのがつぎの一件だった。

地域福祉の全体的な見直しをするために審議会を立ち上げることになって、その中には、高齢者福祉、障害者福祉、母子福祉、児童福祉という四つの部会が作られた。そこに、高齢者福祉の分野について運動を積み上げてこられた団体から、学識専門家委員として、東京経済大学のある教授を推薦してきた。私は、その推薦をそのまま受けて、この方に専門委員をお願いした、という経緯がある。ところが、このことが、後に、二つの大きな問題を生むことになった。

ひとつは、審議しているときに、この方と、もう一人、市民団体から推薦された女性の二人が、事務局担当にたいして、常識をこえた批判や反対をたびたびするので、審議会が何度もストップしたということがあった。それによって審議会全体の運営がスムーズに動かなくなって、事務局から何とかしてほしいという抗議が私のもとに寄せられ、私が一定の口を挟んだということがあった。市長としては、一所懸命にやっている職員をかばう立場に立たざるをえない。職員も、市民本位になんとか新しい方向にしようとしている、そのへんの事情をもう少し配慮してもらいたいが、革新とよばれる人たちには、そういった配慮がほとんど見られない。

それからもうひとつは、野党的スタンスをとっているある議員から、東京経済大学の学会誌にこの学識専門家委員の教授が書いた論文を議場でかざしながら、「国分寺市にたいしていわれなき中傷を書いている。市長はそれを知っているのか」と指摘されたことだ。私はさっそくその論文を読んだのだが、なるほど、そう言われてもしかたがないような内容のものだった。数字をあげたり評価をする場合に、ほとんど理由も根拠も示していないから、国分寺市をいわれなく中傷していると言われても仕方がない。私はそのことを認めて、教授に抗議して、訂正を申し込み、これ以後はもう何も市からお願いはしないことにした。この一件は、さまざまな形で波紋を投げかけることになった。

じつは、その数カ月前にこの教授が、国分寺市の高齢者福祉について地域の実情を図で人ケッチしたいので、住民票を閲覧させてほしいといって、市に来られたことがあった。審議会でお世話になっている方でもあり、市民運動の側からかねてお名前を聞いていた教授であるということ、しかも、住民票の閲覧が学術論文を書くための予備作業だということだったことから、公共性があると判断し、国分寺市手数料条例七条四号の、手数料を免除できる規定のところに、「その他市長が必要と認めるとき」という条項があったので、それを適用して、「学術研究のための資料としてお使いになるのだったら、無料にしてもいいのではないか。ただ、個人的にそういうことを言われただけでは困るから、東京経済大学の学長名で申請書を出していただきたい。お出しいただけるならば、閲覧料を免除してもいいでしょう」と、私は言っていた。そういうかたちで学長名の申請書を出してこられたので、無料にしていた。

それにたいして、その議員から、「市長はこの教授にたいして、本来、閲覧料を免除すべきでなかったのにもかかわらず、免除した。これは、国分寺市にいわれなき財政的な損害を与えたのだから、市長は弁済すべきだ」という住民監査請求が出された。

問題は、監査請求も監査結果も、一私立大学の研究グループは公共性ある団体ではないので認められないといっている点だ。いまの法理論の常識では、公共性というのは、国・公立の大学なら公共性があると認められるが、私立なら認められないということではなくて、何を申請・研究しようとしているかによって判断することなので、こうした、同一事案にたいしては同一法理を適用せよ、というのは、すでに美濃部達吉博士が確立し、戦後の学界の常識的な原則になっている。つまり、内容的に正しければ、国立、私立に関係なく同じように適用することになっているのだ。東京都の法務部長に人を介して確かめてみたが、市長が手数料条例七条四号を適用した判断にまちがいはないという返事だった。結果的には、私個人の弁済はしないですんだ。

教授の属しておられた東京経済大学の学長や理事長は、さすがに事実をきちんと受け止められて、山崎市長と国分寺市にたいへんに迷惑をかけて申し訳ないといって、陳謝に来られたりした。私も、こういうことで、長年培ってきた国分寺市と東京経済大学とのあいだの信頼・協力関係に傷がつくことは、好ましくないと思ったので、お互いに今後こういうことがないように注意をしようということで、事なきをえたということがある。

問題は、なぜ、こういう教授が、長年、住民運動に支持されて、高齢者福祉を中心とした福祉問題に加わってこられたのかということで、私にはどうしてもわからなかった。住民運動のほうにも、自分たちの言い分を、一方的にと言っては失礼かもしれないが、採り上げてくれる人だったら誰でも、住民自治に寄与する人だというような安易な思いこみがあるのではないだろうか。しかし、市政を自分たちのものにしていくときには、市長や議会や職員だけではなくて、住民運動や住民団体もまた市政を支えているんだという見地に立っていただきたい。そういう点が欠如していると、革新市政の足をはからずも引っ張ったり、あるいは、反対側の立場の議員勢力から利用されたりすることになる。

また、その教授とともに審議会のなかでしばしばトラブルメーカー的な役割を果たしていた女性だが、この方が審議会メンバーになったいきさつについても、私は疑問を感じている。審議会のメンバーを新しく立ち上げるにあたって、公共性を代表する団体として、従来は農協、商工会、ロータリークラブといった類の団体が入っていたのを、私は、具体的に地域福祉の充実のために運動している団体に全部入れ換えた。そのときに、つねづね私もひそかに尊敬していた女性がリーダーをされている高齢者福祉の団体を、「公共性を代表する団体」のなかに入れた。私としては、当然、リーダーのその女性が出てきてくれると思っていたら、ぜんぜん別の、この女性が出てきたのだった。しかもこの人は、つねづね議会で私に反対している議員にぴったりついている人間だった。聞けば、そのリーダーの女性は、「いつまでも年寄りがそういうところに出ていくよりは、若い方が、これからは高齢者福祉の運動の意見を代表してくれたほうがいいと思って推薦した」とおっしゃる。

人を選ぶ権限と責任は市長にあって、市長の考えで団体も指定し、人も選んでいる。ところが選ばれたほうの団体が、選んだ方（この場合、市長）に相談もなく他に人選をすることは、それによって、任命権者たる市長の思惑とはちがった展開になってしまうことになる。替えたのは善意かもしれないが、そこのところで、任命権者の考え方と方法で選んでいるんだという大事な要素が省みられることがない。こうしたことが時と場合によっては、どんなに全体の運営にマイナスの影響を及ぼすかということを指摘しても、反省したようには見えなかった。そういう市民運動の体質は改めていかないと、運動の質的な発展というのは期待できない。

サービス協会の理事長の人選をしたときには、支持者から電話があって、われわれにも相談してほしかった、女性を入れたかったと言われたし、私が出た選挙の四年前の選挙のときにも、もしこちらの候補者が当選したら、ある市民団体の女性リーダーを助役にしてほしいという話もあったそうだ。そうした方々の熱意はよくわかるが、それは別問題である。庁内の事態収拾や調整は、事実関係や力関係、人間関係などを知らない、ずぶの素人には勤まるものではない。私も素人から市長になったが、それだけに、どれほど苦しんだか。相談してほしかったというが、人事について、市民運動の方に直接聞くということは、市長の立場で考えると、必ずしも適切とばかりには思われない。

慎重を要する人事

人事に関してあやうい場面もあったので、最後にその件についても、ここで書いておきたいと思う。

三年目の二〇〇〇（平成一二）年三月三一日に、収入役が任期満了で退職された。再任に応じてくれるかどうかの意見を伺ったが、もう自分はこれで引退するとおっしゃる。この方は前市長の側近の一人だったが、それなりに見識をお持ちの方だったので、私はべつにクレームをさしはさむことなく任期いっぱい勤めていただいていた。引退することになり、かねて、その場合にはこの人をというので、数年前に市を退職されていた元部長の方を念頭に置いていた。収入役、助役、教育長は議会の承認人事なので、一、二の議会筋にそれとなく意向を打診したところ、たいへんいいのではないかという反応だったので、この方を次期収入役に提案しようと思っていた。

ところが、なんと一週間もたたないうちに、どこから漏れたのか、議会筋全体にその方の名前が広がってしまった。そうしたら、どうしてかはわからないけれども、これは山崎市長が考えた案ではなくて、その一年近く前に任期満了でお辞めになった前市議会議長であった人による人事ではなかろうか、という風評を誰かが流したのだった。それによって二派に分かれている自民党の反市長のスタンスをとる半分と、公明党や環境市民会議という反市長派の人たち、それに市民フォーラムという無所属や元社会党だった方々なども加わって、この人事案件が提案されても承認しないということになってしまった。つまり、議会内の勢力争いの材料にされてしまったために、提案をしても承認される見込みがないということが、ほぼ明らかになってきた。そこで、私も断念して、提案することはやめざるをえなくなってしまった。

以来三カ月ぐらい、収入役は空席のまま、会計課長が収入役事務取扱いという形で、収入役のかわりをつとめていた。しかし、いずれ後任の収入役を選任しなければならないことは、言うまでもない。

しばらくして、与党（共産党）の幹事長から、収入役候補者にある人を紹介したいという話が出てきた。幹事長と反市長派の司令塔的存在である野党のある議員は、政治的立場は対立するけれども個人的には非常に仲がよい。この両者の話し合いで、まったく表に出すことなしに、「収入役に銀行筋から候補者をもってきても山崎市長は嫌ではないか」と打診をしてこられた話だった。私は、「いい人ならば、どこからおいでになろうといっこうにかまわない」と返事をしておいた。しばらくたつと、「X銀行のこういう方ではどうか」と言ってきた。途中を飛ばしていえば、その直後に、X銀行の国分寺支店に来てほしいというので、指定された日時に行くと、支店長やその野党の議員など何人かの方がいて、「X銀行の現役のもうちょっと若い方を紹介したい」といって、その方の履歴書だけ手渡された。「中立、誠実にやってくださる方だったらどんな方でもいいけれども、ご本人の今後のこともあるので、ご本人と一度会いたい」と言って、一週間ほどたってから、出向いてこられた本人に直接会って話をした。

候補者については、べつだん異論のない方だったが、助役とともに重要な役職である収入役を、このようなやり方で選ぶことに疑問を感じたので、与党のもう一段上層部に意見の打診をしてみた。

その方も、これはちょっと普通ではないのではないかと言われて、いろいろ検討した結果、もしかしたらこれは、かなり大きな問題につながる恐れもあるのではないか、ということがいわれた。紹介された両議員の意図は別にしても、現役の銀行の方をというのはやはりまずいと思われたので、今回の話は見合わせたいという結論を出して、そのことを相手に伝えた。

紹介した野党の議員は、私の目の前では何も言わなかったけれども、面子をつぶされたと思ったからだろうか、相当に怒ったそうだ。一方の与党の幹事長のほうは、「市長がそう言うんだったら、それでいいけれども、これは市長の判断で決着をつけたことにしてくれ」とおっしゃる。私はまたしても共産党にたいへんな不信感を持ってしまった。

既得権を手放そうとしない職員組合

私が先入観を持っていたのがまちがいだったのかもしれないが、労働組合、国分寺市役所の場合は自治労系の市職労だが、労働組合というのは、地域社会やわが国の産業、政治、社会の民主化においては、その中心的な存在のひとつだと期待していた。そういうイメージをずっと持ってきていたし、そう思うのがまちがいだといわれると、情けないと思う。

私の市長在職四年間、そういう重要な役割を担っていてしかるべき職員組合がどうであったか、職員組合との関わり合いがどうであったかということをふりかえると、次のようなことが、自己の非力にたいする反省とともに、たいへん残念で仕方がなかったこととしてあげられる。

最初にあげるべきだと思うのは、市の防災訓練にかかわって私がはじめて体験した職員組合のありようだ。市長就任後最初の防災訓練に参加して驚いたのは、参加している市の職員が部長だけで、若干、課長がいたにしてもごく一部、それに消防署と警察署だけで防災訓練が行われていたのだ。私はたいへんびっくりして、これでいいはずはないと思い、「来年はもっと多くの課長以下の職員も参加するように考えてほしい」と言った。そのときはそれで別に何事もなくすんだ。

次の年の七月、防災訓練から一カ月前に、担当の部長と課長が「市長、来月は防災訓練ですが、今年はとりあえず去年と同じ規模・方法でやらせてください」という了解を求めてきた。そこで、「去年の規模、方法と同じとは、どういうことなのか」と聞くと、部長だけが参加することだという。私は即座に「ダメだ」と言った。「部長だけで、市民の安全を確保できるのか。訓練だけだったら辻褄合わせもできるけれども、もし地震のような災害が起こったときに、部長とごくわずかな課長だけで市民の安全が確保できるのかといったら、できないでしょう。だから、そのことを考えてみてほしいと、去年いったのです。去年と同じ規模・方法でというのは、せっかくですがダメだ」と言ったら、「そうですか」と言って、さがっていった。ほどなくして計画案を出してきたのを見ると、若干、増えていた。

しかし、問題になるのは、その計画の立て方がどうかということだけではなく、防災訓練と職員の参加ということにたいする担当部課長や職員組合の考え方だった。「防災訓練というのは、通常、日曜日を使って行うから、職員は休日出勤をして防災訓練に参加することになる。そうなると、当然、労働基準法上の時間外手当とか、休日の補填とかをきちんと対応しなければならない。そういうことを事前に準備するというのは、このご時世のなかではなかなかむずかしいところがある。もし休日出勤をして防災訓練に参加するということを事前に決めることになると、時間外手当をきちんと保障するという約束ができるのか、何人ぐらい参加させたら十分なのか、その計画も定かではない。そうしたいろいろなむずかしい問題があるので、なかなか言うはどには簡単にいかない」というのだった。

自治体の職員が住民の安全や福祉の確保のために仕事をすることが、どうしてそんなにむずかしい問題なのか。むろん結果として、休日出勤をしたら、それについて市は労働基準法上の保障、手当てをすべきなのは当然だと思う。しかし、それを約束してくれなければ防災訓練には参加できない、というのでは、発想が逆ではないだろうか。自治体職員としてのものの考え方、仕事の受け止め方において、まちがっていると言わざるをえない。それでどうして自治体の職員組合と言えるのか。私は、そのことにたいへん腹を立てた。職員組合との交渉は、とりあえず課長以下の職員も一割、参加するということで交渉して、それでも三年目になってやっとまとまった。少なくとも、災害にたいする準備、心構えが、組合のほうにもなければならないと思うのに、このようなことで合意するのに三年もかかるというのは、まことに残念であった。

二番目に、ネームプレートに関する問題があげられる。私が市長の任期満了で退職をする直前に、担当の総務部長が「かねて市長さんに指摘をされ、指示されておりましたことが、やっと実りました。お辞めになる直前で、申し訳ありません」といってきた。ようやく、小さな写真入りのネームプレートを職員がつけることになったというのだ。

私も「市長・山崎」というプレートをつけていたが、私が市役所に入った当時は、ごく少数の職員が名前と所属を書いたプレートをつけているだけで、それより若干多い職員は、名前の書いてない真っ白のプレートをつけていた。そして、半数以上の職員は何もつけていなかった。それで、「これは、どうしたわけなんだ。つけるように」と、私が指示をすると、「わかりますけど、これにはいろいろ経緯がありまして、それほど簡単な問題ではないんです」と言う。かつて、このことが前市長のころに職員組合と議論されたことがあって、一律に名前を書かせてプレートをつけさせるのは、職場管理であって、労働強化につながるから従えない、ということで、当時の職員組合と市長とのあいだに覚書が交されたという。その覚書には、「ネームプレートは原則としてつけるものとする。ただし、強制してはならない」とされている。だから、わざと読めないようなプレートにしているんだということを聞いて、私は唖然としてしまった。ネームプレートをつけるということは、市民にたいして責任をもって業務をしているという姿勢をあらわすもので、市の職員ならば、当然つけてしかるべきものだと、私は思う。

これに限らず、前市長と組合とのあいだに結ばれたおかしな覚書とか確認書の類が次から次へと出てきて、私が不合理なことをやめさせようとしても、ことは簡単にすすまない。組合との折衝にあたっている総務部に、ちゃんと筋を通せといっても、筋を通すと市政全般に組合の協力が得られなくなって、余波が起きるから、どこかで妥協点を見つけてください、と言う。しかし、長年の慣行にのった組合の要求は不当であり、許すべきではない、と思う私は、それで四年間、苦労のし通しだった。

三番目に、行政改革について、組合との間に不一致があって、行政改革の実施がなかなか容易にいかなかったという問題がある。

行政改革は、少なくとも就任二年目からは、避けることができない具体的な市政の柱のひとつになっていた。私は、行政改革についての市長三原則というのを出していて、そのなかの第三項目に、「職員組合がこれまで市と交してきたさまざまな約束事については、それが合理性をもつかぎりにおいては尊重する」とした。ということは、反面、不合理なものは改める、ということを意味している。

第三章にも書いたが、行政改革のなかで、ある種のことは、民間業者に委託したほうが能率がいいのではないか、市の財政負担も少なくてすむのではないか、ということがあって、たとえば、ゴミ収集を民間業者に委託すると、かなり財政負担を減らすことができる。しかし、これは組合が定員削減と労働強化になるおそれがあるので反対ということで、なかなか円滑にいかなかった。

しかし、いまの事態のなかで、自治体財政をどうやって削減し赤字を減らしていくか、リストラのなかでどうやって職員を守っていくか、ということになると、〝首切り〟だけは絶対にしないということを踏まえた上で、さまざまな業務の見直しをし、不合理な点を改めて、行政上の無駄を省いたり経費の節減に励んだりするのは、避けられないことだと思う。

民間企業で容赦なくリストラされて、ハローワークに駆け込んでいく人たちをみていると、それこそワークシェアリングではないけれども、民間に任せられるところは任せ、経費が削れるところは削っていくことに、組合ももう少し前向きの姿勢を示してくれないと、市民にたいして、どうやって顔向けができるのか。そこのところが、組合執行部とは終始、最後までかみ合わなかった。

行政改革だけではなくて、高い給与や不合理な手当てをめぐる組合との交渉においても、なかなか交渉がまとまらず、諸手当については合理的なものに改める、それから、期末手当の加算率についてもできるだけご協力を願う、ということが実現できたのは、かなりたってからである。

四番目は、これも市側と組合との不合理な慣行といえることで、ケースとしては二つあった。ひとつは、市役所庁舎の地下にある組合事務室の、電話代や冷蔵庫や電灯などの光熱水費を、市が長年肩代わりして出していたという問題である。組合事務所を庁舎内におくことは、むろん労働法上は正当なものと認められている。しかし、電話代、光熱水費は、本来は組合が負担すべき建前になっている。ところが、長年、組合はただで使っていたことが指摘されたのだ。過去何年間の、組合が負担すべき光熱水費をどれだけ市が肩代わりしていたかを計算して、「その分は市にたいして財政上の損害を与えていたのだから、市長がこれを補填しろ」といって、社民党と自由党の野党二人の議員が連名で、住民監査請求を出してきた。長年のことなのに、どうして私が市長になってから気がついて言ってきたのかわからないが。

もうひとつは、第九小学校の敷地のなかにプレハブの建物があって、そこに東京都教職員組合の国分寺地区協議会の事務所があった。「市の建物をどういう手続きと合意で地区協議会に貸していたのか、経費はどうなっているのかを明らかにして、これの補償と返還を求める」と、これも住民監査請求が出されてきた。地区協議会のほうは、わりあいあっさりと指摘を受け入れて、建物の返還と光熱水費などの返済に協力をして、すぐに片づいた。それをみて、職員組合のほうも、最終的には光熱水費などの返済に応じることになった。

バブルのころは、お互いにそういうことに留意せずに、市は黙って電話料金も電気代も負担していたのだろう。しかし、財政がきびしくなったことと、市長は組合に甘いのではないかという言い方での市長いじめの一つの手段として、こういう問題が表沙汰になると、こんどは、組合も悪いけれどもそれを許してきた市が悪いということになる。組合も市も、市民感情や市民生活のモラルの観点から、痛くない腹を探られたり揚げ足を取られたりすることのないように、労使慣行をきちんとしていくべきなのだが、いままでは、あまりにもそのへんがルーズなままきていたことに気づかされた。

それから最後に、昼休みの窓口業務の問題があった。公民館、図書館、それから市民課の分室では、従来は、昼の一時間は休憩時間として窓口はお休みになっていた。しかし、市民のなかにはその時間でないと来られない方もいるので、この窓口をどうやって市民に迷惑をかけないように稼動させるか、ということだ。職員の配置や、昼休み時間のやりくりなど、かなり技術的にやり方の工夫を要することだったけれども、さまざまな苦労の末に、私が辞める前に妥結して、いまは昼休みでも窓口業務は行われるようになった。

職員の労働条件の問題はむろん重要だが、そればかり強調されると、当然なされるはずのさまざまなサービスの提供に、問題がでてくる。市民サービスの問題は、一つひとつ解決してきたけれども、こうした問題について、ほんとうは職員組合が市と前向きの姿勢で協力して、対市民的な、きちんとした業務体制を率先して作るというふうになってほしいと思う。だが、なかなかそうはいかないのが、市民のための民主的な市政をはばむ壁のひとつになっていたといえる。

行政上の細かい手続きに泣く

事務手続きの詳細な部分も、私にとっては壁になった。

具体例をあげると、国分寺市は、従来、府中市と国立市と三市で屎尿処理の地方自治法上の一部事務組合を作っていて、「清化園」という共同の処理施設をもっているが、しばらく前から府中市は自前で処理をするというので、事実上、国立市と国分寺市の二市だけになっていた。しかも、国分寺市では、下水道が完備してきたので、水で薄めて下水に流す準備がすすんでおり、国立市は隣の稲城市にまだ余力があるというので、そちらと一緒になるということになり、清化園の廃止は時間の問題だった。

その過程のなかで、屎尿処理にかかわる経費の計上の仕方について、問題が起こった。屎尿処理は、秋から使わなくてもすむようになる見通しがあったが、長年の国立市との関係もあって、いちおう年度当初は通年で従来通り予算を組んだ。ところが、業者に委託している運搬費のほうは、半年分しか計上していなかったのだ。だから、半年以降にずれこんだら、追加予算を組むことになる。ところで、地方自治法二一〇条には、総計予算主義というのがあって、予算は年間分をまとめて当初予算として計上しなければならない、という規定がある。なぜ片方は通年で組んでおいて、片方は半年しか組んでいないのか、これは法律違反だという野党の批判が起こされた。

両方とも通年で組んでおいて、たとえば一〇月以降使わなくなったら、そこで減額補正すれば違法ではない。しかし、予算というのは、常識的に、できるだけ正確な見通しで組み、足りなくなったら追加補正をするというのはいいけれども、減額補正は、なるべくしないほうがいい。なぜかというと、年度当初から余計に見積もって組んでおくと、組んであるあいだは、その予算を拘束してしまうからで、組んでなければ別のことに使えるからだ。

もうひとつ、予算の組み方に批判がでた。それは下水道料金に消費税をのせていなかったことだ。下水道料金会計というのは、事の性質上、四月に始まって三月で閉じるということができない。一年間に雨がどれだけ降って、どれだけ下水道に流したかによって、経費がちがってくるからだ。従来は会計を六月で閉めて、七月から六月までということで、そこで年間分の調整をして、それを九月に補正するというやり方をとっていた。ところが、消費税分も、まとめて補正でのせればいいと、四月当初の予算にはのせていなかったのだ。それも、地方自治法二一〇条に違反すると、野党は責めてきた。

しかし、こうしたことは、実際にはどこの自治体でも運営の便宜上やっていることだ。六月に閉めて九月に補正をするというのは、慣例的にやっていることで、法律の条文に照らせば、たしかに多少ずれている。だが、従来便宜の上から慣行上やっていることを、このときに限って、違法ではないかと攻撃してきたのだった。最終的に、私は「違法ではないけれども、必ずしも適切ではなかった」と応じた。

手続き、契約が問題になったケースをもうひとつあげておこう。

国立駅北口から少し歩くと、すぐ国分寺市域になり、国立駅から国分寺市民がおおぜい乗り降りしている。そこで、駅の北側の一区画を市が駐輪場として借りている。国分寺市はそこを借りないと困るわけで、地主が任せていた不動産屋の言い値通りに契約してしまっていた。ところが、一九九五（平成七）年に借りたときは、周辺の土地の三・五倍の地代で借りていて、利率は三・九パーセントの三年契約。九八（平成一〇）年に再契約したときは、バブルがはじけているから、当然安くならなければいけないのに、逆に地代は六倍に上げられ、利率も一〇パーセントになっている。しかも一年契約だ。

それが二〇〇〇年になって議会で取り上げられ、市民の税金を預かって、どうしてこんなに不当な契約をしているのか、見過ごすわけにはいかないといって、問題にされたのだった。

おそらく当時の担当者は押しまくられて、不合理な言い分を呑んでしまったのだろうとしか、考えられない。担当者から聴取したところ、最初は四二倍だと吹っかけられたけれど、それを苦労して六倍に抑えたのだという。国立駅のすぐそばの一等地で、ほかに貸せばもっと高く貸せるのを、国分寺市のために便宜を図っているんだという言い方だった。

そういう不合理な契約を押しつけられていたのだが、それを知っていた野党は、情報公開で、さまざまな契約書とか見積書を請求して、議会で追及してきた。指摘されると、たしかにおかしい。九八年の契約書に判を押したのは私（市長就任二年目）なので、責任は回避するつもりはなかった。しかし、決裁のときには結論的な数字しか出てこないから、土地の値段にくわしい人ならおかしいと気づいたかもしれないが、私にはわからなかったのだ。それで、どんなに変なことが出てきても、このさい、そうした不明朗な膿は全部出してしまうほうがいいと思っていた。

与党がいうには、この場合は、ここを最低ラインにして交渉するという基準なしで交渉したことが弱みになって、ずるずる引き込まれていくことになったのではないか、ということだった。基準をきちんと確保しておく必要があったのだ。私のいちばんの弱点は、行政上の細かい手続きとか、こうやればこうなるということについて、全くといっていいほど知らなかったことばかりだった。

予算が四年連続で会期内成立をしなかったわけ

変えなければならない慣習はいろいろあるが、そのなかでも最も私を苦しめたのは、いずれの政党、いずれの議員にも時間無制限で予算審議を保障するという、議会の慣習だった。

私が在職していた四年とも、三月三一日の年度内に次年度の予算が成立したことがなかった。そのことが異常であるということが選挙のときにも批判としてあげられて、私にかわって市長職につかれた星野氏は、選挙運動の最中に「山崎市政の異常な四年間」と言って攻撃していた。市長になられてから、「何を異常だとするのか」という質問を議会でされて、「予算が四年間一回も会期内に成立しなかったことを指して、異常な四年間と言った」と答えている。

事実としてはその通りなのだが、私がいた四年間は、苦しい財源のなかでもとにかく市民サービス優先の予算をくんで、議会に臨んでいた。税収が落ち込み、借金返済がかさんでお金がないなか、せいいっぱい教育や福祉や安全面、市民生活に配慮し、相当無理をし、やりくりをして最善の（と自負できる）予算を組んでいた。だから、予算を成立させまいとしつようにからんでくる野党の議員も、申し合わせたかのように、「予算の中身に問題があるわけではないけれど……」という趣旨のことを枕詞にして質問をする人が非常に多かった。

だから、ただの一回も会期内に予算が成立しなかったというのは、予算の中身が悪いというのではなくて、別の理由があると私は今でも思っている。予算審議のやり方と、野党の予算成立をはばもうという画策だ。

というのは、私が市役所に入る前から、国分寺市には三月の予算議会では予算書を一ページずつ時間制限なしに審議することをすべての議員に保障するという、妙な慣習があった。予算審議では、どこの自治体でもそうだと思うが、直接予算に関係しないことでも、全部、予算に関係するかのごとくかかわらせて、いろいろなことを質問することが認められている。二〇〇一（平成一三）年度予算でいうならば、一七〇〇ページの厚さのある予算書を、時間制限なしに一ページ、一ページやっていくのだから、かけようと思えばどれだけでも時間をかけられることになる。

野党は、予算の中身に関係ないようなことでも、大きなテーマのように取り上げたり、手続きに手落ちがあるかのように重箱の隅をつつくような細かいことを次々に取り上げたり、資料を次から次へと要求してくる。対応する職員はヘトヘトになり、なかには倒れた者さえいた。しかし、野党はかまわず続け、与党は、それに対して、なんら待ったをかけない。職員は対応に追われ、まず怖気づき、資料がなかなか出てこなかったり、答弁に時間がかかったり、言い直したりと、まずいことが重なってくる。そうすると、議会がのびたのは、市側のせいだと、こちらの責任にされるのだった。

どうして、そのように、しつように予算の成立をはばもうとするかというと、会期内に成立できなかったということは、行政当局にとっては不名誉な話で、期限内で成立しえないような予算しか作らなかったという攻撃の理由になるからだ。市長には政権担当能力に欠けるというダメージを与えておくことで、市長を追い落とせると考えている。とにかく三月中に成立させないという前提で、審議をするのだから、会期内成立を期待しても無理なのではないかなあと、私は、しまいにはあきらめかかっていた。

市長会など、いろいろな市長の集まりに行く機会があるが、他市の市長さんに、「大変だね。どんなことがあっても、予算は市民の暮らしにかかわるから、どんなに与野党関係の対立があっても、予算は予算として、予算そのものに欠点がなければ通すのがふつうなんだけど、ちょっと国分寺は異常だね」と言われる。周辺からも、奇異の目で見られていた。こういう異常な事態は、傍聴していてくださらないと、市民の方にはわからないと思う。新聞のなかには興味本位で記事を書いているとしか思われない書き方をするところもあったから、新聞だけ読んでいると、よほど市側がおかしなことをやっているのではないかとしか受け取れない。しかし、事態の根っこには、いま言ったような大きな問題が存在していたのである。

しかし、四月に入ると、こんどはあまりに長期に引きずっていると、市民福祉のさまざまな事業は予算が通らなくてはできないから、市民のほうから、予算の成立を反対して引き伸ばしているほうに、突き上げが起こりかねない。現に、最初のころは、商工会やＪＡや、いろいろなところから、野党は、なぜ否決したのかと猛烈な抗議を受けたことも少なくなかった。それをされるとたまらないので、四月に入ると一気呵成に成立に協力するというわけだ。ある野党会派の議員は、予算案を否決しておきながら、暫定予算に最低限、これこれの事業費を入れてくれないかと頼みにきたこともある。なんてずるいんだ、と、私は原則通りにするよう、指示をした。

ちなみに、こうした時間無制限で審議するという予算審議のやり方は、かなり以前（一〇年以上前）からとられてきた方法で、少数野党の鬱憤の〝ガス抜き〟だと聞かされたことがある。とにかく私は、これはいかにも不合理ではないかと思っていた。そのことを与党のある人にいうと、これは、われわれの闘いの成果なのだという、野党時代ならいざしらず、与党の見識とは思われない返事が返ってきた。

しかし、さすがにまずいと思われたのだろう、三年目の二〇〇〇年になって、議会運営委員会に共産党から、こうした予算審議のやり方を改めようではないかという提起がされたけれども、いまさら何を言っているんだと一笑に付されて、今でも続いている。

第八章　負けるはずのない選挙に負けるべくして負ける

再選をめざした二回目の選挙は、二〇〇一（平成一三）年の六月だった。二期目の現職というのは、一期目でとくに失政がないかぎり、たいへん有利な選挙なのだと言われている。それにもかかわらず、私は四〇〇票差で敗れたのだが、いってみれば、本来、負けるはずのない選挙に、負けるべくして負けた、というのが、率直な実感だ。なぜこういう結果になったのか、選挙戦の当初からのプロセスをたどりながら、考えてみたい。そこには、いったい市民とは何だろうか、政党とは何だろうか、という問題が横たわっている。

二期目に立候補するか迷う

一期目の経験を通じて、私は、前年の暮れの段階までは、立候補するかどうか、かなり迷っていた。それには、おもに二つの理由があった。

四年間を通して、市政のための議会のはずなのに、野党のかなりの部分が数をたのんで、私の、市民のための市政と考え、建設的な批判・検討を求める諸施策の提案や方法にさまざまな妨害、嫌がらせを絶えることなくくり返してきたことに、心身ともに疲れ果て、健康を害してしまったことだ。市民のための努力なら、いくらでも骨身をおしまないけれども、そういう動きに関わるのが、正直いってむなしかった。

これは予測しないではなかったが、肝心なことは、それに対して、与党と力を合わせて市民のための市政にしようと考え、そういう考えを打ち出したことに対して、与党、とくに共産党の皆さんが、私のそうした考え方を理解してくれなかったことだ。前にも書いたように、「市長の気持ちはわかるけれど、議会というところはこういうところなんだから、市長のほうで、早くこうした議会のあり方について慣れてくれ」というばかりで、私は一人で議会改革に取り組まざるをえない状況に置かれていた。いっしょに変える努力をしてくれるのなら、私は疲れてもいとわない。しかし、こういう状態が続き、未経験の私が二期目に一人でやっても、はたして議会改革にプラスの意味を生み出しうるだろうか、悩み続けてきたことがそのひとつだった。

二つ目に、右のことを見てきたことからする妻の身を引いた態度があった。四年近く、帰って来ると「むなしい」と言い続け、疲れきって寝てしまう私の姿を見て、妻は「このままもう一期やったら、あなたは死んでしまうし、私も一緒にやっていく自信はない。絶対に一期で辞めてください」と言う。私は、それを押してまで二期目に進むという踏ん切りが、当初なかなかつかなかった。

それに対して、私の身近なところで、二人の人から、「そうした考え方はまちがっている、何も冷やかしで出たわけじゃないだろう、真剣に地方自治行政の革新と市民福祉のためにがんばるつもりで出たんだろう。特別なことがないかぎり一期で辞めるというのは、本来のあり方ではない」という忠告が寄せられた。一人は、私の長男だ。長男は報道メディアの取材記者としての経験をもっていて、入局以来四年ほど北海道で各種の地方選挙や国政選挙の取材を経験していたし、東京に転勤してきてからも、注目を浴びた足立区の区長選にも応援記者として取材に加わって、それなりの認識を持っていた。

もう一人は、私の信頼する、政界の事情にも明るいジャーナリストの友人で、かねてからその人の知性と経験の豊かさに教えられることが多く、いろいろなことを相談することが増えていた。その方から、どうして積極的な姿勢をとらないのかという、好意的なバックアップの意味も含めた強いアドバイスがあった。

その方が言うのには、通常、一期で辞めるというのは、二つの場合しか考えられない。ひとつは、本人が、健康上の理由で職務の続行が期待しがたいということ（一期目の終りの段階では、健康を害したといっても職務の遂行不能ということではなかったので、彼にはまだ何も伝えていなかった）、もうひとつは、選挙違反その他、なんらかの社会的な犯罪、あるいは、その容疑にかかわって、続投することが社会的に決してプラスにならないということだ。そのいずれでもないのに理由もなしに一期だけで辞めるというのは、なんとも不謹慎で、有権者に対する背信とまではいわないけれども、その信頼に応えないことになるのではないかということを意味する。

加えてその友人に言わせると、私は自治体首長としては初めてといっていいくらい、新しいタイプなのだそうだ。特定党派をはじめとして政治的な集団と利害関係を持たないし、それを持とうともしないで、全力投球で取り組む。よく言えばフレッシュ、悪く言えば素人。その姿勢は政治の世界では珍しいタイプで、それが選挙民にも受け止められているし、今の日本の政界にとっては、そうした姿勢で貫くことに、積極的な意味があるのではないか、という励ましであった。

二人の強いアドバイスに大きな影響を受けて、妻も一八〇度、考えを変え、私も続投に挑もうという気になった。まだはっきりしないのは、健康上の理由だったけれども、これは毎年続けていた人間ドックで、続投に耐えうるか、健康をチェックしてもらうこと以外にはありえない。その問題だけを残し、その他のことはいちおう氷解して、私は続投する決心をした。

政党の推薦を受けない決断と、山崎降ろしの動き

ただ、ここで、のちに予想もしなかった事態に展開してきたのは、市民運動の代表的存在だとその時まで思い込んできた二人の〝友人〟の存在だった。彼らは、私が当選した市長選挙での支持団体である「変えよう国分寺市民の会」（「変える会」）の世話人会の中心的存在でもあった。じつは、私は健康上の理由から、続投にいささかためらうところがあるのだがと、そのうちの一人

に個人的に相談をしたことが一、二度あった。というのは、私は彼を〝市民運動のリーダー〟として、素朴に信頼をしていたからだ。「万一、市長選に健康上の理由で出られないようなことにでもなった場合には、この四年間苦労して敷いてきた路線がストップしたり曲がったりしたら、不本意である。そういう場合のことをどう考えたらよいだろうか」ということをたずねたのだった。すると、彼は、「市長が大事というよりは、市長が敷いてきた路線が大事なんだから、それは考えなければいけない。自分には考えるところがあるから時間がほしい」と言うので、軽い気持ちで、「お願いします」と、頼んだ形になっていた。今からふり返ると、そのことがきっかけとなって、次の市長候補を私とは別の人を考えるようになったようである。

私が落選して一市民に戻ってからの話になるが、当時、東久留米市長だった故・稲葉三千男氏(元東大新聞研教授)から「山崎さん、この世界では、辞めるどころか、辞めるかもしれないということは、ほんとうに辞める前日に言えばいいことなんだ。ぜったいに辞めるとか、辞めるかもしれないということは、口にしてはならない言葉なんだ。それなのに、あなたは早い時期に、たとえ個人的にとはいえ、病気で続けられなくなったらどうしようなんてことを言ったのは、いくらなんでも甘過ぎたよ」と、言われてしまった。知らなかったこととはいえ、いかにも私が無知だった。

さて、二月の中ごろに、人間ドックで全面的な健康チェックを受けて、基本的に続行さしつかえなしというお墨付きをもらった。そこで、まず与党(上部)に、人間ドックの結果を報告をしたところ、たいへんに安心されて、これでいささかも後顧の憂いはない、よしやろっといわれて帰っていかれた。さまざまなむずかしい問題が出てきたのは、それからである。

私は、二期目の選挙では、支持をしてくださる分には、ありがたく承るけれども、すべての政党からの推薦を辞退して、完全に無党派の一候補者として選挙に臨みたい、と、かねてから考えていた。それは、政党の行動決定のあり方にかなり違和感をつのらせてきたからであった。

この四年間の市長職の経験のなかで、与党の推薦を受けて当選をして首長になったということによって、恩恵をこうむってきたことも少なくなかったし、それに感謝もしてきたが、同時に政党から推薦された市長であるがゆえに、市長としての判断、決断、施策の推進の上でたいへん困った経験が、少なくとも五回ほどあった。一方、この四年間の中で、とくに後半の二年の間に、市内のさまざまな職業階層や、保守層の人々の中からも、最初の選挙のときとはちがった評価を口にされることが、しだいに増えていた。特に、「山崎には私心とか野心がなく、全力投球で市民のために動いている。力を貸してやらないと気の毒だ」という声が、保守政党筋の一部からもあがっていたのを知ったときは、誠意をつくして全力で事に当たれば、反対党の人でもわかってくれる人があらわれるのだと、心身の過労をも抑えうる闘志がわいた。そして、無所属で出るのならぜひ支持したいという意志表示が、保守勢力と言われるところも含めて、議会外のさまざまな業界筋などからも、直接に間接に、示されるようになっていた。

自治体（特に市町村）行政は、国政とちがって、地域の問題を解決し、住民の生活がとどこおりなく発展してゆくようにするのが仕事であるから、そのなすべき仕事の九割方は、政治党派的見解のちがいには関係ない。だから、政党の考えではなく、課題別に是々非々を論じてもらいたい、もし続投するのなら、政党からの推薦なしでやりたい、というのが、かなり早い時期からの私の考え方だった。

じつは、「変える会」などの中からも、前記の二人の〝友人〟も含めて、こんどは前回のような枠組みではやりたくない、つまり共産党とはいっしょにやりたくない、ということを言われていた。政党の推薦を受けないでやりたいという点については私と一致していた。そうなれば、与党と相談をしなければならない、ということになるが、そこで、その〝友人〟の考え方と私のそれとのあいだで、食いちがいが生じた。というのは、私は一期目は与党の強い推薦を受けて市長職についたわけだから、個々の施策で一致できなかったことが何回あろうと、与党に対してそれなりの信義をつくすべきだ、と思っていた。それに対して、〝友人〟は、共産党とトラブルを起こさないで政党推薦という立場を外したいと考えていたようだ。この政党推薦の辞退については、彼らに「考えてもらう」ということでお任せした。

私は、お任せした結果がどうなるのか、いずれ、返事があると思って静観していたけれども、待てど暮らせど何も言ってこない。共産党は、当然のことながら二期目も推薦で、という前提で考えていた。そうして時間が経過するうちに、もはや、これ以上、問題をあいまいにすることはできないところまできたので、私から共産党に問題を提起することにした。ただ、できるだけこの問題を平和裏に、話し合いで克服していきたいと思っていた。しかし、共産党市議団については、その政治活動のスタイルを私は全面的に信頼するには躊躇するところが多かったので、思いかねて、二人の方に非公式に相談してみた。

まず相談したのは、二年前の市議会改選のときに引退された共産党の元市議会議員であった方である。この人は、市議会議長をやられた自民党の長老議員だった方と〝同期の桜〟で、同じ時期に市議会議員として当選され、八期つとめて、同じ時期に引退された。立場は右と左で正反対だけれども、お二人は思慮深い方々であったということもあって、私は人格的にたいへん尊敬していた。この方だったら、あらいざらい話して相談すれば、それなりにご自身のお考えを聞かせてくださるだろうと思ったのだ。

彼は黙って聞いておられて、相槌をうちながら、いろいろなことを考えたらしい。前記の「変える会」の〝友人〟とのことについても相談したら、あまりくわしいことはおっしゃらなかったけれども、「あの人はいろいろなことを考える人だから」と聞かされた。市民運動という形をとり、政党とは別の政治活動をし、地域での市民運動の一勢力を作りたい、という考えを持っている人なんだということが、彼の言葉から感じられ、私はいろいろと考えさせられてしまった。

次に、元都議会議員の方に相談することにした。彼は、〝友人〟のことについては、あまりびっくりされなかったが、私が、こんどは無党派でやりたい、共産党など政党の推薦を辞退したいと言ったことについては、びっくりもされたし、たいへんご不満なようだった。「なぜ、山崎さんは、党の推薦を辞退したいのか」とおっしゃる。そこで、この四年間、少なくとも五回はどうしても共産党市議団幹部の考えに同意できなかったことがあって、そのうち二回は市長たる私が困った立場に立たされ、共産党市議団は信頼できないと思ったことがある。もし二期目もやるのなら、最終的には私の判断で、したがって、私が一〇〇パーセント責任を負いうる形でやりたい、それが大きな理由なんだと述べた。

五つとは、次の項目である。

① 下水道料金への消費税賦課で、与党でありながら市長提案に対し否決に回ったこと。
② 市民文化会館建設基本計画検討委員会設置条例の提案を否決する根回しに動いたこと。
③ 国民健康保険税改訂のための条例の市長提案を取り下げると無断で野党と約束したこと。
④ 収入役選任問題での不可解な動き。
⑤ 市民文化会館建設のための市民意向調査を突如提案し、選挙の最大争点になるキッカケを作ったこと。

ところが、この人は意外にも「山崎さん、それじゃ、あなたは、どういう手段、方法で、二期目の選挙を闘うのか。あなた一人で選挙ができるのか」といわれた。あとから党本部の自治体局長さんのセリフを借りていえば、「それは〝脅し〟ですよ。そういうことは、党としてけっして口にすべきことではない」ということだった。つまり、こういうことだ。「共産党では、党の推薦の場合には、選挙の事務所、それから車、スタッフ、これを全部、党が責任をもって出す。推薦でなければ、それは候補者自身で用意をしてもらうことになる。あなた、それで選挙ができるつもりなのか」ということだ。そのときには、言いっぱなし、聞きっぱなしで終わった。

推薦を外すということは、市議団でもらちがあかず、都委員会でもらちがあかず、中央委員会幹部会の自治体局長と会うことになった。その方とは、かつて代々木の党本部へお訪ねして一回だけご相談したことがある。たいへん人情味のある方で、全国的にもいろいろな自治体の事情を知っていて、非常によく話を聞いてくださる。私は人間的にも信頼をしていたので、自治体局長さんには、一対一でじっくりと包み隠さず、いろいろな話をした。そして、話しただけでは跡が残らないので、私は、ご相談したことを文書にして、手紙で差し上げた。

それからほどなくして、自治体局長さんのほうから連絡があって、もう一度お話ししたら「私どものほうで、山崎さんがこの四年間、国分寺市政でどんなことをなさってきたのかを、調べさせていただきました。これだったら、絶対、再選はまちがいない。少しの失敗もしていない。一期目にこれだけやられたということは、驚嘆に値する」と、誉めてくださった。そして、「今回なぜ推薦を辞退したいのか、ということもよくわかった。私が、国分寺の市議団と一回、話をしましょう」ということだった。

そして、局長さんは国分寺においでになって、私の申し出について、話し合いをされたそうだ。市議団のほうから誘いがあって、了解した、という意味で、いっしょに食事をし、「党も全力をあげて、支援をするから、ぜひがんばってほしい」ということで、たいへん気持ちよく別れた。それで、市議団のほうにも趣旨徹底されたと、私は思っていた。

三月一七日の、「変える会」の運営委員会で、「ぜひ、これからも先を切り開いてがんばってい く決意を固めてくださいますようお願いします」という要請をうけて、私は、「微力ながらがんばります」と、決意表明をした。

そのときまでのあいだに、「変える会」の〝友人〟グループは何度か断続的に話合いをしたようだ。あとから分ったことだが、彼らは、かなり私に対する不満があって、市長選挙にあたっては、山崎市長の引退と、くわえて共産党とは別の行動をしたい、と考えていたらしい。「変える会」を解散して新しい市民団体を作って、次の候補者を考えていたようであった。私が健康上の問題として「万一の場合」として言ったことから、山崎は辞退するだろう、むしろ辞退をさせよう、そして、別の候補者を新たに立てようと考えていたようであった。その候補者というのもすでに具体化されていた。

右の〝友人〟の二人は、山崎の辞退を前提にものを考えていたようで、したがって、私が健康診断の結果、大丈夫だからやりますと言ったこと、そして「辞退すべきである」という彼らの話にも、私が意思を翻さなかったものだから、彼らは困ってしまったようであった。

私にそこまで不満があるとは、その段階では半信半疑だったが、話が進んでくると、いろいろなところから、そうした不満があったことが伝わってきた。たとえば、第四小学校の改築のための審議会に、市長推薦で〝友人〟の一人を委員に加えてもらったことがある。私は、たいへんいいことをしたと、自分では思っていたが、あとから聞くと、職員が思ったように動かないとか、行政についてクレームをつけ、山崎は三年も市長をやっているのに、職員があういう状態だということは、山崎に市長としての指導性がないからだというようなことを言っていたという。

「変える会」の友人たちは、支持した山崎が、彼らの期待どおりには必ずしも行動しなかったことが不満だったようだ。私は、彼らと相談はしても、彼らの出してくる要望（たとえば人事）を直接、市役所の人事や審議会人事などのような行政にそのまま反映させることは、当然のことながらいっさいしていなかった。かたや、無所属の議員は、「山崎さんは、私たちが与党なのに、けっして与党の意見を重くみてくれない」という不満をもっていた。とくに人事上の不満がかなりあったようで、教育委員の後任にしろ、教育長の再任にしろ、子育て支援センターの人事にしろ、自分たちの意向とはちがうといい、「変える会」の二人に同調していかれた。

彼らは、「変える会」をつくり、支援して市長になった山崎が彼らの市民運動、地域運動の期待とは異なった行政の手法、スタンスであることが、不満のようであった。しかし、四年間で行政が大きく変革されることはむずかしい。そこで調整の話し合いが続けられ、ことの異常さから、上原国立市長や友人たちが説得を試みてくれたが、すべて実ることはなかった。

それやこれやがあって、右の二人を含む六人の方が、その後間もなく「変える会」から離れていった。最後に会ったとき右の二人のうちの一人が「山崎さんが続投することは、市民にとってもマイナスである」と言ったことを、私はいまだに許せないでいる。もっとも、六人のうち二人の方は「変える会」を代表する年輩の女性の方で、山崎さんにこれ以上辛い思いをさせるのはしのびないというのが理由だと言われていた。

したがって、「変える会」の新しい体制は、ほとんどが共産党と共産党系の市民団体だけで、取り組むことになった。

そういう深い政治的な事情をご存じない市民の方も何人かいらっしゃって、この方々は事情を知らないだけに、何とか修復してほしいといって、私と彼らのあいだを行ったり来たりして〝調整努力〟を試みてくださった。結局、その方々は、二回目の選挙では選挙運動そのものに関わられることはなかった。そういう意味では、政治組織、政党関係からまったく無関係な、何人かの個人としての立場で支援してくださっていた市民の方も、次第に運動に消極的になってゆき、選挙にも遠ざかる人が出てくるなど、たいへん不幸な形で選挙に取り組むことになってしまった。

市民文化会館是か非かが争点にされる

これが敗因の最大のきっかけではないかと、私が思うことに、西国分寺駅東地区の再開発の〝目玉〟（拠点施設）と考えられ、論議されてきた市民文化会館建設の問題が争点とされたことがある。この位置づけと扱いをめぐって、再選をめざした市長選にかかわってたいへん大きな問題がひき起こされた。

すなわち、与党の共産党は、いわゆる〝箱物〟反対で、この時期に市民文化会館を建設することには当然のことながら消極的だったが（共産党はもともとはそうではなく、私が市長職に就く少し前までは建設推進の先頭に立って旗を振っていた）、公団や地権者との約束から、市としては引き返すわけにはいかないという時点まで来ていたことから、可能なかぎり市の負担を少なくして、計画実施を進めるという私の態度に、この段階では頭から市民文化会館反対とは、さすがに言いにくかったのだろう。やめろということは言わなくなっていたかわりに、では、どんな文化会館を、どんな規模、方法で作るのか、ということについて、建設に消極的な立場からいろいろ意見を出すようになっていたし、私もそうした議論自体はさかんにする方針をとり、市役所の中にもＰＦＩ法の成立に前後して、同法についての研究・検討のプロジェクト・チームを係長以下の若い職員を中心にして議論をしてもらっていた。そういった中で、ことは市長選を三カ月後にひかえた二〇〇一年の三月議会のある日に起こった。

本会議の中で、与党議員団の幹事長が、突如、「ホール主体の市民文化会館は現状においてふさわしくない。建設の可否について今一度、市民の意向調査を実施するべきではないか」という緊急提案を出したのだ（この緊急提案なるものは、文字通り「突如」であって、事前に何の連絡も通告もなかった）。これに対して、ほとんど一瞬の間をおいた直後、日頃もっとも対立する立場にたつことの多い公明党の議員が、呼応したかのように、「時宜を得た発言だ。ぜひ、それは全有権者対象の調査にするべきだ」と発言した。

同時に、このことについては、同じ三月の予算議会の中で、同じ与党系の市民団体から三件、市民文化会館慎重論のほぼ同じ趣旨の陳情が議会に出されてきた。選挙を前にした三月議会という この時点で〝集中的〟にこうした出し方をしてくるというやり方について、率直に言って私は疑問を感じざるを得なかった。この当時、すでに西国分寺駅東地区には何らかの公共公益施設を作らなければならないという極限の時期に近づいていたけれども、その施設は市民文化会館でなくてもいっこうにかまわない。もっとも市民のためになる施設を作るべきであるからには、施設の種類は何であってても大いに結構で、そのことについて意見があったら、ぜひ市へ寄せてほしいと、かねてから議会の内外、一般市民にも言いつづけてきた。しかし、この時期まで、具体的な提案は寄せられることはなかった。ところが、この年の三月議会になってから、そうした趣旨の陳情があいついで三人の方から出され、しかも、周囲からはあきらかに共産党系のグループと見られている方々だった。どうして、もっと早く、市で検討が十分可能な時期に出してくださらなかったのか。この議員の緊急提案と符節を合わせるかのごとく、この時期に出してこられたことに対して、正直に言ってある種の政治的作為を感じないではいられなかった。

与党議員のそうした提案については、無視できないこともなかったが、市民の意向調査ということは、私の立場からすれば、拒否しにくい提案ではあった。ほかの議員からはそれについて発言はなく、「住民の意向調査をやることに何か都合の悪いことがあるのか」といわれれば、「ありません」と言うしかない。結局、市民の意向調査は全有権者を対象とした調査として実施することで、議会の確認がまとまってしまった。そして、この調査のために約一八〇〇万円という予期しない支出を、年度末というこの時期に乏しい市財政の中から支出せざるをえなくなった。これだけあったら、市民生活に関する事業を三つも四つもできるのに、と思うと、涙が出る思いだった。そして、アンケートは選挙直前に行なわれることになってしまった。

片や、折に触れて反市長的な論陣を張って報道しつづけてきたある新聞は多摩版で、当然、この市民文化会館の問題と、職員給与のラスパイレス指数が高かった問題を大きく取り上げた。さらに、私が行政改革実施案の見直しをしたことにかなり強い不満をもって、反山崎の立場をとっていたある市民が先に立ち、「国分寺の行財政を考える市民の会」とも符節を合わせて、市民文化会館建設反対のキャンペーンをはったのだ。

議会内の、市民の意向再調査の動きと、それを全面的にバックアップした新聞などの動きが一定の政治的効果を発揮し、市民文化会館建設是か非かの問題が、三カ月後に迫った市長選の最大の争点にされてしまうことになる。かくして四年間の山崎市政のプラスマイナスが全体として評価されるというよりは、市民文化会館建設は是か非か、そのことだけが唯一の争点であるかのごとき状況が作り出されてしまった。

うまくかみ合わない新旧支持層の共闘

どこの政党の推薦も受けないということにしたことが、議会の中でも相当な影響があって、自民党は会派としても二つに割れて、半分の三人は私を支持し、他の三人は現市長の星野氏を支持することになった。共産党以外の、私の支持の側にまわってくれた方は、もうひとつの与党である新社会党の議員と、もう一人の無所属議員の二人がいた。建設業協会は、従来は当然のように自民党支持の基盤だったけれども、このたびは協会内部で激論の末、この難局では、地元業者優先によるまちづくりをかかげている山崎を推すしかないのではないかということで、結果的にはまとまってくれたと聞いた。ＪＡ（農協）も、商工会の一部も、私を支援してくれることになった。そして、新たに支持してくれることになった自民党の三人を中心にして、新社会党の議員を含めて、「希望に輝く国分寺を作る会」（略称、「希望の会」）が作られ、これが、もうひとつの私の支持団体になった。

そこで持ち上がった問題は、もともとある「変えよう国分寺市民の会」（略称「変える会」）と、この新たにできた「希望の会」のどちらが、公職選挙法上の支持団体になるかということだった。支持団体はいくつあってもいいけれども、公職選挙法上の選挙事務所は一カ所でなければならない。「希望の会」のほうは、「変える会」と「希望の会」の上にまたがるような形で一つの会を作ってほしい、と言う。「変える会」は、それは絶対に受け入れられないといい、四年間やってきたのだから、公職選挙法の確認団体はわれわれがなってしかるべきだと言う。何度か両派に話しあってもらったけれども、結局、決着がつかなかった。どうにも仕方がないので、私は今までの四年間の実績をふまえて、「変える会」が確認団体になっていただいていいのではないか、と判断し、私は「希望の会」にお願いをし、「希望の会」も了承してくれたが、実質的には、運動は別々に展開されることになってしまった。

そうした形で、いよいよ選挙そのものに取り組むことになった。事務所に詰めて動いてくださった方々は、朝から夜遅くまで入れかわり立ちかわりじつによくがんばってくださった。それは共産党系の方であろうと、そうでない方であろうと変わることはなく、家庭の仕事を犠牲にしてまで活動されたり、なかにはご夫婦で活動してくださった方もいた。また、これまで述べてきたような事情を知らない労働組合関係の方たちは、前回同様、各種集会、カンパ、駅頭でのビラ配りやアッピールなど、全力をあげて取り組んでくださったし、各界からも応援にかけつけてくださり、旧知のA弁護士は私につきっきりで市内をまわり、演説に声を嗄らしてくださった。

しかし、市議団のほうは白け、しかも、新たに支持の側に名を連ねてくれた自民党の半分や、商工会の方とか、農協の一部の方とか、そうしたいろいろな保守系職能団体の方々に対しても、たいへんつれない対応を取り、選挙カーが巡回のコースの途中で連絡・休憩のため「希望の会」の事務所に立ち寄るときでも、同乗していた共産党市議の方は、どれだけすすめても事務所に足を踏み入れることはなかった。率直にいって、共産党の市議団のなかは、燃えなかった。ということは、とりもなおさず、選挙事務所そのものが、燃えなかったということだ。選挙のときは一日なり二日なり、遠くから選挙事務所に入って、選挙運動に力を貸してくれた人が何人かいるが、その人たちが異口同音に言うことは、四年前と今回とははっきりちがっていて、選挙事務所が燃えていない、白けているということだった。では、共産党組織は全部そうかというと、そうではなくて、共産党のなかでも、市議団を中心とした部分と、そうでない、熱心に選挙に取り組んでくれた部分とのあいだに、目に見えない溝があって、かなりちがった対応をされた。

政党（共産党）の推薦を辞退したことが、さまざまなところできしみをたてて、旧与党からすれば白け、新しい支持勢力（「希望の会」など）からすれば、どうしてわれわれの支持の努力を認めてくれないのか、もっと半々に、それなりの支持団体として扱ってくれてもいいではないか、ということで、なかなかかみ合わず、最後までしっくりしないままで終わった。調整がうまくいかず、私自身が二つの会のあいだを橋渡ししなければならない有様で、私自身、途中で何度も挫折しそうになった。いくつか不協和音も生じ、「変える会」と「希望の会」との不協和音のために、建設業協会は、一度は、山崎選対（支持）から降りるというような話も起こったりした。

本来なら裾野が広がるという有利な状況が生まれ、せっかく市民本位というところで、一定の協調が可能になるかと思われたのに、ついに最後まで、そうした可能性を現実のものに生かそうという努力は見えないのみか、逆に旧与党と新しい支持勢力との間の不協和音ときしみに、次に述べるような事情や状況も加わって、選挙戦は勝利の曙光も感じられぬままに、終わってしまった。こうした状況から、最後のあいさつのときに、私は、「国分寺の歴史にとって、はじめての出来事だったと思うけれども、もう一歩、連帯ができる努力を示してほしかった」と、訴えざるをえなかった。

すさまじい選挙戦と敗北

私の任期は七月の一二日までであったが、七月は参議院選挙と重なるので、実際の選挙は一カ月くり上げて、六月二四日の日曜日に行われることになった。この日は、国分寺市では市長選と東京都議会議員選挙と市議会議員の補欠選挙の、三つの選挙が同時に行われた。その都議選と市議補選の候補として、それぞれ共産党から出た候補者の方は、市長選と選挙期間が重なっているものだから、この間、選挙カーで「山崎市長とともにがんばろう」とか「山崎市政の継続を」と言い、あわせて「都議選は共産党へ」「市議の補選は共産党へ」と訴えてまわったのだ。これ自体はしごく当然のことかもしれないが、政党の推薦を辞退して、市民的な立場の一候補者として立ったにもかかわらず、聞いている有権者には、今回も山崎は共産党推薦で立候補しているのだとしか受け取れないような状況がつづいた。都議選と市議補選の候補者には、それぞれ途中で何度か申し入れをしたけれども、その申し入れの効果はぜんぜんなく、推薦を辞退したことが、はとんどかすれてしまい、選挙に影を落とすことになった。対立候補陣営は、このことをとらえて、すかさず「共産党の推薦をはずし無党派だと称しているが、山崎氏は隠れ共産党だ」と、選挙カーでくりかえし宣伝し、その反共攻撃にはすさまじいものがあった。

市長選に立候補したのは、私と、現市長の星野信夫氏、それから、生活クラブから出ていた元市議の柏谷由紀子氏だった。

星野信夫氏はかねてから、「自分はぜひ市長になりたい。自分は市長になるために生まれてきたんだ」と、公言されていたくらい、市長選に意欲を燃やした方だが、後から聞いたところでは、今回は山崎さんは二期目の現職だから、おそらく自分に勝ち目はないであろう。しかし、四年後をねらって名前を市民に知らしめておきたい、と立候補したということだ。その全戸配布したチラシには、何らの理由も事実もあげることなく「現政権の異常な四年間」と中傷したり(のちに、「四年間、一度も会期内に予算が成立しなかったことを指す」と議会答弁をした由)、また、その主張は、四年前に私が立候補したときの訴えと、ほとんど同じ内容のものであった。

また、柏谷由紀子氏は、私が市役所に入って最初の議会のときからなぜか私に対してはたいへん冷たい態度で接されて、さまざまな非難を私にあびせられた。同氏の方の選挙スローガンは、市民文化会館建設反対という一点を除くと、あとはほとんど全部、私が言っていたことと同じだった。だから、「柏谷さんは、山崎さんの足を引っ張るために立候補したんだ」とおっしゃる方もいたが、そうであろうとなかろうと、べつにいっこうにかまわない。立候補はどなたも自由で、そのことについては、私はとやかく言うつもりは全くない。立候補されるのだったら、競い合えばいいわけで、市民にどれだけ思いのたけをアッピールするかで、フェアに勝負をすればいい。柏谷陣営には、前本多市長のころの取り巻きブレーンの人たち、つまり反山崎の姿勢を陰に陽に発揮していた元部長クラスの市の退職職員数人が、つきっきりで選挙の応援をしていたという。この元部長連から、在職の市役所の職員に、ぜひ柏谷候補に投票をしてほしいという勧誘のハガキがかなり広範囲にばらまかれたりしていた。

それはともかく、選挙は、結果的にわずか四〇〇票差で、私は負けることになった。あとからふり返れば、むべなるかな、こうなっても仕方がないかなあという思いがしないでもない。むしろ、これだけ食いちがいが生じて、なおかつ四〇〇票差というのは、なるほど二期目の現職というのは強いのだなあと、妙なところで改めて現職の強みを実感した。

一票差でも、勝ちは勝ち、負けは負けで、こういう結果が出たんだということに全く異存はない。ただ、悔しさだけはつのった。失政もなかったはずである。市の公債費（借金）の克服にもそれなりに成功し、二期目の強みもあり、しかも、支持の裾野は広がっていた。その勝てる選挙を、一部市民活動家の山崎おろし、うまくかみ合わなかった二つの支持団体の共闘、争点にされてしまった市民文化会館問題が、足をすくった。選挙のときの公報や新聞報道以外には、日ごろ市政に特別な関心を向けることの少ない大多数の有権者からすれば、市民文化会館問題のような〝箱物建設反対〟論は耳目に入りやすい議論である。選挙直前に与党議員からこうした「〝箱物〟＝無駄づかい」論が提起されれば、市長引き降ろしに手ぐすねひいて待っている一部野党議員からすれば、選挙時に多数の有権者を反山崎に巻き込む絶好のテーマとタイミングと考えても不思議はない。

最初に、負けるはずのない選挙に、負けるべくして負けたと書いたのは、以上のような意味である。

与党とは何か、市民運動とは何か

それ以後、今日まで、二〇〇二年五月から六月にかけ、手術による入院という不測の事態が生じたこともあって、数年の月日がたつ。この間、与党だった共産党は、総括の会議は中途半端なのを一回やってくれただけ、それもこちらから催促したからで、しかも、肝心の核心部分の議論まで進まないうちに中断して終わっている。もう一回続編をやろうといいながら、ついに今にいたるも開いていない。そして、これ以外に与党議員の誰一人、選挙に関して私のもとを訪れてくれた人はいない。

そして、市長選挙直前の三月議会で市民文化会館での意向調査を提案した与党幹事長の筆になる総括原案には、再選不成功の原因として、ひとつは小泉旋風が予想以上に強すぎたこと、二つには保守派の一部が山崎支持に回ったために、わがほうは革新市政をまっとうすることができなかったこと、敗因はこの二つだとあった。しかし、小泉旋風はあったかもしれないが、小泉さんも田中真紀子さんも国分寺市に来たことがあるわけではない。しかも、代々木の共産党中央委員会の自治体局長が、一期目にこれだけの実績があったら、ぜったいに負けることはありませんよといって励ましてくれたように、失政はなかったと私も思っている。にもかかわらず、こういうふうになったことが小泉旋風のためだとか、保守の一部がこっちについたから革新の主義主張がまっとうできなかったというのは、事態の本質をそらすもので、国分寺市政についての自分たちの責任を掘り下げず、的外れの内容だと言わざるをえない。共産党の政治的な分析や能力については、根本的に信頼感を失った。

しばらくたってから、選挙総括のために、「変えよう国分寺市民の会」の役員会が開かれた。そこには、共産党系の市民団体の方々が集まっていた。この方々は、皆さん、それなりに一所懸命にやってくれたと思うが、そこで、「変える会」の事務局長から出されてきた総括の原案が、驚いたことに共産党市議団の総括原案とまったく同じ内容だったのだ。大衆団体が合議でさまざまな議論をしていくときに、一部のまちがった見解なり問題提起があった場合には、それとちがったところから、そのまちがいが批判され、全体として十分な議論をしたら、賛成は賛成、反対は反対ということが残るにしても、総意として、あまり偏った結論にはいたらないのが、民主主義のいいところだと、私は思っていた。ところが、「変える会」の場合は、市議団の総括原案とまったく同じことがそのまま出てきたので、これで民主主義なのか、ほんとうに市民団体なのか、上が示した処方箋のとおりに下が動いているだけではないか、たとえはわるいが、これではかつての大政翼賛会と同じではないかと、ずいぶん気持ちも白けてしまった。

九七年に、私がおよばずながら候補者を引き受ける決心をしたことの大きな要因のうちのひとつに、〝日本共産党と革新無党派知識人の連帯〟というのが、日本共産党の大きな政治方針のひとつだったと、私は理解し、それを正しいと思い、そうであることが望ましいと、この再選を賭けた選挙に突入するまで思っていた。しかし、二回目の選挙の顛末をふり返ったときに、いったい四年前に私がそうだ、これこそが正しい民主主義を発展させるためのあり方なんだと思った「日本共産党と革新無党派の知識人との連帯」というスローガンは、いったいなんだったんだろうかと、にわかに空々しく思えてきた。少なくとも国分寺市に関するかぎり、かなり疑わしいと思っている。

ともあれ、こうして再選をめざした二度目の市長選は、たいへん後味の悪い思いと共に、かつ、とくにこれといった失政もないのに、敗北に終わった。負けるはずのなかった選挙に、負けるべくして負けた、と再度言うゆえんである。

市民運動にも問題が多々ある。市民ないし市民運動というと、その言葉の新鮮さもあって、政党に、あるいは政治的な諸団体に属していないで活動をする者は、すべて市民であり、それによって展開される運動は市民運動であって、市民イコール善、市民運動イコール善という暗黙の前提があったような気がする。よく、その中身や意味をつきつめて考えることなしに、あたかもそうであるかのごとき前提で、いろいろな話題が展開されてきたのが現実ではないかと思う。しかし、私が二度目の選挙で経験したのは、市民運動と称されるものにも、千差万別、いろんなパターンや性質があって、必ずしも市民イコール善、市民運動イコールもっぱらプラスの評価ばかりではない場合もあるのではないか、ということだ。そういう意味で市民とは何か、市民運動とは何かということを、改めて問い直す必要があると考えている。

終章　ささやかな総括

四年間の市長生活をふり返って、改めて思うことは数多い。憲法研究者として、また自立した市民として相互成長したいという目的意識をもちながら、住民福祉の実現というはじめての仕事に全力で取り組んできた。最後にすべきことは、今後、私と同じような考え方で地方自治について積極的な関心をもち、研究に、あるいは実践に取り組まれるであろうすべての方々に、既存の研究書や解説書では満たし得なかったさまざまな疑問、認識、私なりの結論と課題等について書き残し、研究・検討の素材として提供することではないだろうか、と、私は考えた。その意味で本書は私の「政治的遺書」である。

研究・検討すべきことは数多いが、ここでは首長、議員と議会、職員、そして、いわゆる市民運動について、それぞれの使命と職能、責任意識と行動様式、ならびに、それらの諸関係について、私が体験し、課題として受け止めたことにとどめることにする。

最初に述べておきたいことは、つぎのことである。首長職につくまで、私には政治や行政について何ら実践的な経験がなく、あまりにも市政という現実の行財政について無知であった。現実に取り組んだ市政、とくに議会の動態について、それまでの書物による知識とかけ離れたところが多く、そこからくる失望、怒り、あせり、幻想等々、一口でいって、それまで当たり前のことと思っていた民主主義とその政治の実現・実践がさまざまな壁によってはばまれるその〝むなしさ〟があった。つまり、みずからの無知と微力のゆえに抱かざるをえなかった憤りと徒労感である。このことは、他の自治体、とくに基礎的自治体たる市町村に、役人や議員からではなく他の世界から入ってこられる首長には、多かれ少なかれ共通するところではないだろうか。

中央政治の場合なら、つねにテレビカメラや新聞記者等マスコミの注視のもとにおかれているから、それだけに自制力が機能して、あまりにも非常識な生態が国民の目にふれることは少ないが、地方自治体、とりわけ市町村の場合は、何か特別な人々の耳目を集めるような事件でも生じないかぎり、マスコミが集まるようなことは少ない。それだけに、古いしきたり、不合理な前例、水面下での利権的なつながり等々が、保守革新の別を問わず、生きつづけやすい。こうしたことが、地方自治の革新を妨げているのではないか、という思いが解消できなかった。

第二は、一般に、とくべつに意識することなく私たちが抱いている政治の世界の保守対革新という対立図式、そして、保守イコール汚れ、革新イコール清潔というイメージは、現実とはちがうということである。議会政治のひとつの描写として、従来とかく保革対立という形で描かれがちであるが、実際に現場に身をおいた経験からすれば、保革対立以上に、議会対首長の対立で議員たちは自らの存在を示そうとしているように思われる。

第三に、職員という存在は、本来、行政の責務である住民福祉の実現という専門性の高い職能集団であるにもかかわらず、しばしば特定の有力議員に従属させられているということである。その結果、時に議員と一部幹部職員の癒着によって、職員が議員の手兵化する傾向を生み、行政全体の市民イメージをゆがめてしまっているということが、指摘される。

そして、第四には、いわゆる〝市民運動〟なる市民集団のうち、私の体験の限りでは、少なからぬ部分の運動の思惟と形態が、市民的というよりか地縁的、もっと有り体にいうならば〝部族〟的な結合原理によって結ばれ、また、他面ではその組織原則も民主主義というよりか旧大政翼賛会的な上意下達的な統制原理に近い思惟によって機能しているところが少なくないと、私には考察された。

こうした諸特徴を感じないではいられなかったが、こうした経験から、最後にこの章では、これらの諸点について少し立ち入った考察を加えて、本書の結びとしたい。

首長について

まず、首長に固有な役割についてであるが、首長は住民から直接選挙された行財政の執行者として、住民福祉に関し直接責任を負っている。議員との職能のちがいについて言えば、議員は自治体内のさまざまな環境、階層の住民の状態や要求を受けて、一律的に行われる市政の偏りや欠けている点をたえず是正し、そのことと地方自治法の観点から見て、市政に欠点があった場合に、きびしく批判、是正を求めることであろう。

次に、首長に特有な役割としてあげられることは、まず、首長は当面している施策課題だけでなく、少なくとも五〇年先、一〇〇年先ぐらいまでの市の動向や情況変化を洞察して、その時点での人々がふり返ったときに、五〇年前の、あるいは一〇〇年前の市当局は、適切な判断、対応をしてくれたのだなあと評価されうるような、そうした歴史的観点・視野からの評価にも耐えうるような判断、対応をなすべく、最大限の努力、決断を求められている点にあるだろう。

同時にまた、それとは逆に思えるかもしれないが、もう一面として、明日にでも迫られるかもしれない危機管理の対応姿勢をたえず保持していることが求められているのではなかろうか。それは、たとえば、天災、病疫、治安などの諸面で、いつ住民の平安な生活に危険が迫っても、つねに住民の安全と健康を確保できるような見識と対応の準備が求められている、という点にあるだろう。

だが、実際には与野党とも、市長を推薦政党の代弁者としか見ていなかった。それゆえに与党からは不満が出てくるし、野党からは、与党と市長との外見上の施策や政見のずれを格好の攻撃の的として突いてくる。それに対して、与党は必ずしも首長を守ろうとはしないことが、しだいに重なっていった。これが、二期目の選挙のときに私が政党推薦を辞退したいと申し出、それにたいして与党がしらけるという結果につながったのである。こうしたことについて、首長と政党とのあいだを調整するブレーンが全く不在であった。

議会――与党と野党

議会と議員の職能についてであるが、議員については首長のところですでに述べた。そこで、議会の役割、固有の職能とはどういうことであろうか。政党メンバーの首長ないし政党推薦の首長、また場合によっては個性の強いキャラクターの首長の場合に生じうる市政の偏りに対し、地域的・階層的に幅広い住民の福祉の実現に偏りやムラが生じないように、適切な批判や抑制、ときには支持や協力を加えて、全体として自治体の運営が適切に発展することを期することではなかろうか。

それを前提に考えれば、与党とは議会固有の役割と責任を自覚して、首長に十分な活動ができる条件を確保し、それへの反対や妨害を防ぐこと。もちろん、たんに政党同士の争いでなく住民全体の福祉を考えた上でのことである。支持する有権者層の要求に耳を傾けつつ、そのような固有の役割を実現すべく活動すること。とくに推薦首長の場合には、たんに首長を自分たちの代弁者と考えることは重大な誤りである、と言わざるをえない。そんなことならば、自分たちの政党メンバーを立候補させて、有権者、住民の審判をあおげばよいのではなかろうか。

そして、野党とは、議会固有の役割と責任を自覚して、与党とは異なる立場で住民全体の福祉実現の立場から、首長に野党の立場からの市政のあり方についての考え方と施策の採用、実施を求めることであろう。いたずらに首長攻撃にのみ腐心することは、議会政を腐食させるだけではなかろうか。

つぎに与党と野党の関係を、首長の立場から考えてみる。初体験の首長の立場から見た議会の対応は、与野党の対立的関係などではなく、議会対首長という対抗図式にのみ関心が抱かれていて、その限りで、与党と野党とのあいだに暗黙の合意に裏打ちされたなれ合いが、体質化しているように感ぜざるをえなかった。すなわち、多数野党が数を頼んで、どんなに首長への理不尽な嫌がらせをしても、与党はこれに対して、反論し首長を守ろうという姿勢を見せたことがない。したがって、当然、行政担当者、市側の部課長に嫌がらせをしても、その理不尽さを指摘しておさえるということはなかった。与党がという以前に、首長が反撃しようとしても、私の場合は、庁内から反論自体に自制が求められ、特に、前半二年ほどは、「市長、こらえて下さい」とおさえられることの連続だった。

その結果、職員の萎縮や面従腹背的態度、はなはだしい場合は、特定議員へのへつらい的、または手兵的従属を生み出すことになった。つまるところ、議会の役割は執行部、とくに首長へのチェックだという言い分が、与野党間のなれ合い、もたれあいを暗黙のうちに自己合理化して、そのなれ合い、もたれあいを生み、支えているとしか言いようがない。それによって、少数与党でも多数野党に反撃されないという安心感と慢心を生んでいる。むろん、こうした構図は、かつて保守市政が長く続いていたころから与野党の立場は変わっても、同様であったといわれる。

以上のことが、日常的な行動様式化していると思われる具体例については第二章で述べたが、各種委員会では、議員は座ったまま質問し、首長を含む市側はいちいち立って答弁しなければならないことがある。しかし、議員と、市長や部課長ら市側答弁者とは、立場のちがい、職能のちがいであって、身分のちがいではないはずである。

こうした議会の情況・実情はありのまま有線テレビ・庁内放送で、来庁する市民にも見てもらいたいと思い、与党の幹部議員に提案をしたが、予算難を理由に消極的対応しか返ってこなかった。他の自治体、たとえば武蔵野市、三鷹市、中野区などでは、すでに実施しているところが少なくない。いまひとつ、議員の後援会、支持者向けのPR紙は、見方によっては市政に関する公的文書と言えるのであって、議会図書室には誰にでも見られるように、展示・保存をしておくべきではないだろうか。

職員

職員の位置と職責について言えば、ひとつは、市長が提案し、議会で決定したことを、誠実に執行する立場だということである。とくに、その職責範囲の少なからぬ部分は、専門的知識や技術を要する。二つ目に、日常、市民に接しており、したがって、市政についての市民の受け止め方を恒常的に知りうる立場にある。したがって、どれだけ優れた施策を決定しても、それが当初の目的通り、実施できるか否かは、かかって職員の力量にかかっている。

反面、規模の小さい基礎的自治体では、どうしても地縁的血縁的つながりが生じかねない、または、生じやすいという弱点がある。これをどう防ぐかが、重要な課題であるといえようか。こうした傾向が具体化すると、市民福祉の実現に障害ないし逆行も生じかねない。

私が市役所職員に求めてきたことが、いくつかある。そのひとつは、公務員は、全体の奉仕者であり、誇りと人としての優しさをもって、誠実かつ公正に職務を遂行してほしいということ。行政執行のプロとして、市を代表して市民の方々に応対し、職務上かかわりを持つ業者等との関係についても、市民からのそしりを招くようなことがあってはならないということである。

そのために、庁内民主主義をさかんにしたいと言ってきた。庁内民主主義の活性化とは、職員相互の、情報と意見の交換を活性化するということだ。それを、職制上の上下にも、市長との間にも、また、市役所を訪れる市民の方々との間にも及ぼしてほしいということである。言いかえると、一つの施策を実現していくときは、それが決定されるまでは、担当部課の中でも、関連する他の部課との間でも、十分に意見をたたかわせ、集約・決定されたら迅速に実施に移すということであり、市民との対応では、十分に説明責任をつくすということになる。

もうひとつは、慣行・しきたりを見直してほしいということだった。時代が変わり、社会状況が変わり、人々の社会意識も変わったとき、無自覚・無批判に慣行・しきたりを固守することは、しばしば目的からはずれ、合理性を失って、批判を浴びることになることが少なくない。市民の目線でつねに時代の先頭に立って、慣行・しきたりを確かめ直し、合理性や合目的性が乏しくなったものは改める努力をしてほしいと願っていた。そうした努力が、庁内民主主義と結合して、行政のプロとしての自覚に支えられて職務が遂行されるとき、まさに市民本位の行政は実のあるものになるだろう。

市民と市民運動

反省課題項目の最後にあげなければならないのは、「市民」と「市民運動」についてである。

現代は、〝市民運動〟の時代である。全国いたるところで、地域の困難な課題を克服するのに、市民運動が大きな力を発揮している。そのなかには、輝かしい成果をあげたものもあれば、挫折した例もある。それらは、いずれの事例の場合でも、市民運動の知恵と力量が問われた結果だと思う。国分寺市の場合は、どうだっただろうか。今後のために、いささかの反省を述べておきたい。

「市民」とは何だろう。むろん特定の「市」という同一自治体に、引き続き三カ月以上住所を有する人、という住民登録法上の市民のことではない。そうではなく、世界史でいう〝近代市民革命〟〝近代市民社会〟というところの、あの「市民」である。

適切かどうかはわからないが、私はかねてから「自立した市民」という言葉を、しばしば用いてきた。市長職についてからも、機会あるごとに、この「自立した市民」という言葉をキーワードとして用いてきた。あまり自明のごとく使ってきたからだろうか、初期のころ、ある本会議で、ある議員から「市長がしばしば口にする〝自立した市民〟とは、どういう意味で使っているのか」という質問を受けたことがある。私が言う「自立した市民」というのは、次のような意味をこめた人間像をさしている。

かつて、雑誌『人間と教育』に、それにふれた部分があるので、引用しておく。

「自立した『市民』というのは、私なりに言えば、社会の動き（政治・経済・歴史・文化など暮しに影響する事象）に対して、自分の目で見、自分の頭で考え、自分なりに責任の持てる判断・態度決定ができる人間。そして、その上で、目的を同じくする他の個人や団体や政党とも対等の立場で協力・連帯できる人間ということである。」（民主教育研究所『季刊人間と教育』第一八号、八二〜八三頁、旬報社）

したがって市民運動とは、こうした自立した市民が共通の目的・目標をもって、それを達成しようと連帯して行動する運動のことであると考える。換言すれば、市民運動とは、飯沼二郎氏が言うように、「個人原理に立脚した運動」（飯沼二郎「市民運動研究」、『飯沼二郎著作集　第四巻市民運動概論』一九九四年、未来社）である。つまり、市民運動は、党派の運動とは原理的に異なる運動なのだ。そうした上に、公共の利益、人類普遍的な要求課題をめざす運動、これが市民運動と言っていいのではないかと思う。

それゆえ、かりに一見、〝市民運動〟のような外観をもっていても、あるいは、それを装っていても、特定の党派の運動、党派の政策実現を主目的とする政治運動や、前時代的な遺制を残す地縁的ないし血縁的なつながりを媒介とする運動や、私的利益の実現をその意図に含むような運動は、「市民運動」とは異質の反市民運動、あるいは猟官主義的運動と言わなければならないだろう。それゆえに、こうした運動は、ときに市民運動に分裂や腐敗を生み、純粋に公共的目的をもって盛り上がった市民運動を分裂や挫折に導くという反市民運動的役割をはたす悲しむべき結果となることが少なくない。私が市長再選をめざした選挙で体験した、〝市民運動〟という名のある種の地益的運動は、まさしくこの例であった。

市民運動の陥りやすい欠陥として、いまひとつ、問題を指摘しておきたい。それは、運動の組織原則が民主主義というよりは、旧大政翼賛会的な、上意下達的な統制原理に近い思惟によって、機能しているということである。

例をあげるならば、先に述べたように、二度目の市長選に敗北して直後に開かれた「変える会」の役員会で事務局長が、総括の〝叩き台〟として出してきた選挙敗北の理由なるものが、与党幹事長の提示したものと全く同じ内容だったことである。私は、ほんとうに驚いた。

私たちは、ふつう、集団で何かの問題について結論を出すとき、事務局のまとめた原案について、構成員全員がさまざまな自由な意見で検討しあう。そうした自由な討議というプロセスをへたとき、結果として誤りや偏りが正されて、一定の結論が生み出される。ごく一般的に存在する民主主義の方法である。けれども、与党幹事長と「変える会」事務局長の出した原案が同じような内容のものだったのは偶然の一致などではなく、上部が提示した原案に支持団体の責任者が呼応したような類似の原案を示し、構成メンバーはそれを基本的に支持して結論にいたることを期待する、というよりか、むしろそれを確信して結論を導くというプロセスを取ったのだ。これは民主主義の方法ではなく、上意下達で満場一致の結論を得るという、統制原理に近い方法で結論にいたるというパターンである。旧大政翼賛会的な手法パターンという所以である。

以上、首長、議会と議員(与党と野党)、職員、「市民」と「市民運動」、という私の市長在職中、とりわけ考えるところの大きかった四つの問題について、感じたまま、考えてきたままを述べてきた。的をついたところもあるだろうが、お前の独断と偏見だというご批判を招くところも数多くあるであろう。それらのすべてを含めて、憲法政治と地方行政の現実に関心をいだかれる一人でも多くの方に、党派や党派的特定集団に属さない、属することを良しとしない一憲法研究者として、市政に取り組んだ立場から見た、一地方自治体の政治と行政の〝一つの現実〟を見ていただきたい。

最後に、すべての有権者の方々に、納税者、つまり地方主権者という立場で、今後、地方行政にも国政にも、するどい目でみつめる有権者として関わってほしいという希望を申し述べて、本書の結びとしたい。地方自治体の政治も、国政も、けっして「誰がやっても同じ、誰にやらせても同じ」ではないからである。

風穴をあけるために

杉原　泰雄

一

山崎さんが市長に当選したとき、思ったことがある。「閉塞状況にある日本の地方自治に、風穴をあけてくれるにちがいない」。その思いは、憲法研究者山崎さんの学風からみて、ごく自然のことであった。憲法の原理原則を国民生活に生かそうと腐心するのが、山崎さんの学問の際立つ特色であった。山崎さんの著書・論文には、他の研究者にはみられない独特の説得力があった。山崎さんがとくに力をいれてきた教育問題の検討においては、学校教育・社会教育という国民の学習活動の現場がいつも視野におさめられていた。また、子どもの人権問題の検討においても、子どもたちの生活の現実が的確にふまえられていた。これらの分野においては、山崎さんは、独自の理論体系を築き、学界のリーダーのひとりであった。大学退職後、主催していた「国分寺・市民憲法教室」の受講者市民や関係者たちが期待をこめて山崎さんを市長選に担ぎ出したのは、納得できることであった。私は、中央集権体制の変形でしかなかった地方自治の実状に、住民生活の観点から風穴をあけてくれるにちがいないと思った。

二

しかし、山崎市政は、一期で終わってしまった。誰の目からみても大過なく、またプラスがマイナスを大きく上まわる四年間の業績であったにもかかわらず、である。破綻状況に近い市財政を上向きに変え、知る権利をふまえた情報公開条例の制定をなしとげ、市民参画に積極的に取り組む等々の業績も、不十分とされた。憲法を市政に生かそうとする山崎さんの姿勢に対しては、予想を上まわる大きな障害があったようである。それは、二期目の選挙にも大きく作動をしたようである。

山崎さんの意欲と誠実さと力量をもってすれば、二期目には本格的な風穴をあけることができたと思う。しかし、その時間は与えられなかった。山崎さんは、「挫折」後に期待されていた課題に別の方法で取り組もうとした。本書『自立した自治体は可能か――憲法学者市長の挑戦と挫折――』を書き上げ、四年の経験と挫折の要因を分析し、総括することによって、閉塞状況に風穴をあけようとしている。

読みやすい、説得力のある文章で経験を語り、「ささやかな総括」（終章）で提起されている諸問題を鮮やかに処理している。山崎流の経験と病理の分析である。国分寺市にみられる病理現象が国分寺市をこえる普遍的な意義をもつものであれば、この本は日本の地方自治を活性化するための処方せんとしての意義をもつことになる。

三

「大統領制的首長の役割の不明確性」、「住民代表としての意識を欠いている議員」、「全体の奉仕者であることを忘れ地方官僚化している職員」、「市民不在の市民運動」、総じて「住民不在の地方自治の直接の担い手たち」の趣旨の指弾は、おそらく的を射たものだと思う。その多くは、「国民不在の国政の直接の担い手たち」状況の地域版である。地域がこのような状況にあるかぎり、国政も国民のものにはなりえない。住民の集まりが国民だからである。地方自治と国政の本格的な転換は、この点についての検討から始まることになるだろう。

著者、山崎さんには、一つお願いしておきたいことがある。この本の続編を書いていただきたいことである。「主権者・住民不在の事態とそれに由来する地方自治の直接の担い手たちの異変をどう克服するか」、「地方自治の目的である地域の生活・産業・文化をどのようにして活性化するか」、「それらの前提となる根本問題としての『なぜ地方自治か』『どのような地方自治か』をどのようにして住民と首長・議員・職員の共通の学習課題とするか」、「そのような学習課題をどのようにして地方公共団体における社会教育の課題とするか」等々である。山崎さんは、この本のなかでもこれらに度々ふれているが、それを体系的に展開していただきたいと願っている。自治体がこの点についての「文化活動」をどのように援助・助長するかである。それを欠けば、住民も首長・議員・職員・市民運動もその本来の役割を見失うことになる。憲法を学習しない国民と権力担当者が、憲法をやみくもに軽視して、苦境に陥る、六〇年におよぶ先例がある。

「革新自治体」も、自治体の「文化活動」には消極的で、「住民による住民のための自治体」をうまくつくれなかった。教育問題の研究に力をつくしてきた憲法研究者山崎さんにこそふさわしい問題だと思い、また問題の重要性の故に、山崎さんの健康状態を気にしつつも、このようなお願いをすることにした。

（すぎはら・やすお／一橋大学名誉教授・駿河台大学名誉教授／専攻　憲法学）

あとがき

このささやかな書物は、一九九七（平成九）年七月の国分寺市長就任から、二〇〇一（平成一三）年七月の市長退任までの四年間についての、いわば私の〝政治的遺書〟である。正確に言うならば、政治という職能領域からすれば、まったく無名・未経験で挑んだ一九九七年の市長選に当選したのも予想外なら、わずか一期四年、夢中で仕事に取り組んで、それなりの成果を挙げたにもかかわらず、およそ選挙の世界では〝最強〟（最有利）といわれる二期目の現職という立場での挑戦にもかかわらず、再選されることに失敗したという、これまた予想外の経験を味わったその経験をふくめて、この一連の〝つかの間の政治生活〟で知りえたことを、今後、地方自治（地方政治）に取り組まれるであろう方々の検討素材として残したいという思いでまとめたものである。〝政治的遺書〟と述べた所以である。

本書をまとめる基になった私の記録は、もともと市長に就任して二年目の、たしか夏だったと思うが、私の主宰する「国分寺・市民憲法教室」の元〝学生〟（二期生）で、当時、『暮らしの手帖』編集者でもあった小林玲子さんと妻の翠との三人での話し合いから始まった。就任二年目に入っていた私は、本文の中でも記したように、当時、日曜日もしばしば返上するくらい市役所の仕事に没頭していたが、ほとんど毎日(とりわけ議会開会中の毎日)、夜、疲れきって自宅に帰ると、「空しい」「空しい」と慨嘆することが多かった。そうしたある日、小林さんと妻と三人で話しているとき、二人から、「それなら今後の研究の〝素材〟として重要だから、記録をとったら」という勧めを受け、なるほどと思って、以後、毎月一度ずつ小林さんにお出でを願って、そのときまでのさまざまな経験、所感などについて約二時間、テープを回しながら私が語り、そのテープ記録を翌月までに小林さんが文章に起こしてきて下さって、私が朱を入れるという作業が、市長退任後の二〇〇一年まで続いた。むろん、二期目の市長選(二〇〇一年六月)では再選を志していたから、こうした口述記録はまる三年あまり続いたことになる。振り返って、このテープへの口述記録とその文章への復元という面倒な仕事を三年あまり続けて下さった小林さんと、それを支え励まし続けてくれた妻には、どれほど感謝してもしきれるものではない。(したがって、もし本書の内容に〝独断と偏見〟があるとすれば、それは私の筆の力の拙さによるものである。ご寛恕を乞いたい)。

しかし、こうして二〇〇一年秋まで続いて、終結した記録をなぜ今になって公刊することにしたのか。実は運の悪いことに、その年の暮の日赤医療センターの人間ドックでの健康診断で(私たち夫婦は、一〇年ほど前から、毎年暮に人間ドックでの健康診断を受けていた)、内臓に異常が発見され、翌年春の精密検査を経て、五月、肝臓ガンの摘出手術を受けた(それまでの極度の精神的な緊張状態の継続が、免疫力の低下をまねいたのではないかと言われた)。もはやこれまでと一度は観念したのであったが、日赤医療センターの先生方、看護師さんたちの親身の加療・看護に加えて、幸運にも、この分野できわめて著名な東大病院肝・胆・膵外科の幕内雅敏教授の執刀と同科スタッフの皆さんの献身的な加療・看護、そして現在も定期的に検診を続けて下さっている松倉聡医師など、多くの医療スタッフの皆さん方のお力で、九死に一生を得るという、貴重な経験を味わった。

そうした事情から、私は、以後、療養・休養生活に専念せざるをえないことになり、記録は筐《きょう》底《てい》に蔵することを余儀なくされ、二年が過ぎた。しかし、休養・加療に専念しているうちにも、過半の〝マニフェスト選挙〟で政府・与党が憲法改正のタイムリミットを公然化し、永田町もマスコミにおいても、憲法をめぐる改憲・護憲のさまざまな動き(特に前者の動き)は、少しずつ、しかし確実に増大してきているにもかかわらず、私たちの身のまわりの地域社会の暮らしの中では、こうした憲法をめぐる政治の動きについての関心は、いまだ活発化する兆しは感じられない。当然のことながら、自治体行財政の動態に意識的に目を向けるような動きも、なにか事件でも起きないかぎり、見られない。そして、この両者は、実は同一事態の両面なのだということが、基礎的自治体の首長職を経験した私には、かなりよく見えてきたとともに、暮らしの中での憲法政治の動態を明らかにし、憲法理念とその指し示すところを実現・定着させることを生涯の仕事の不可欠の一部と考えてきた私は、現在の私にとって唯一の恒常的〝現場〟である「国分寺・市民憲法教室」の皆さんと話し合う中で、やはりどうしても多くの方々に私の体験を知ってほしい、聞いてほしいという思いが大きくなってきた。さらに、こうした記録のあることを知った、古くからの友人である杉山茂氏（日本女子大学講師、元『判例時報』編集長・勁草書房編集長）も記録を読んで下さり、強く出版を勧められた。杉山氏の強い勧めがなかったら、私は出版にまでは踏み切らなかったであろう。こうした中でしあわせなことに、花伝社の柴田章氏が、ぜひ私のところでと提言して下さり、今回の出版に至ったものである。これらの方々の熱心なお勧めがなかったら、本書は世に出ることはなかったであろう。ありがたい出会いと友情とご支援に心から感謝している。

そしてまた、直接出版に関してではないが、すぐる二度の市長選挙において、変わることなく、文字通り手弁当で、中にはご夫妻でお仕事の寸暇を割いて、全力で当選を目指して支援して下さった多くの市内近隣の皆さん方お一人お一人に、私の不徳のいたすところから再選不首尾という結果をまねいたことをお詫びするとともに、あらためてその献身的なお力添えに感謝を申し述べなければならない。

最後に、どうしてももうひとつ書き留めておかなければならないことは、古くからの敬愛する友人である杉原泰雄氏（一橋大学名誉教授）が、原稿を読まれて、「風穴をあけるために」と題する熱い励ましと今後への期待の一文を、この小著に寄せて下さったことである。かねて日本を代表する憲法学者の一人として、幸いにも健康で活躍しておられる杉原氏の昔からのいささかも変わらない熱い友情と励ましの一文に接し、私は読み進めるうちに、ありがたさに涙が溢れ、いったんは衰えかけていた私の闘志と情熱が奮いたつのを抑えることができなかった。氏の励ましと期待に接して、すでに大きな手術で健康と体力に少なからぬハンディキャップを負った私ではあるが、今後、心を新たにして健康に配慮し、暮らしの中に憲法を根付かせ、その示すところを実現させてゆくことを志すという初心を忘れずに、杉原氏の励ましと課題にこたえる努力を精いっぱい尽くすことによって、憲法研究者としての私の今後の人生を全うしたいと思う。

二〇〇四年九月

山崎　眞秀

山崎　眞秀（やまざき　まさひで）

1930年、東京に生まれる。1957年、東京学芸大学卒業。東京学芸大学助手、広島大学講師、北海道大学助教授、東京学芸大学教授を経て、静岡大学人文学部教授。1994年に退官。1997年―2001年、東京都国分寺市市長。現在、国分寺・市民憲法教室主宰。専攻、憲法、教育法。

主な著書
『現代の国家権力と法――教育』〈現代法学全集53、現代法の諸問題3〉（筑摩書房、1978年）
『現代教育法の展開――その領域と課題――』（勁草書房、1987年）
『憲法と教育人権』（勁草書房、1994年）

自立した自治体は可能か――憲法学者市長の挑戦と挫折――

2004年10月25日　初版第1刷発行

著者 ―― 山崎眞秀
発行者 ―― 平田　勝
発行 ―― 花伝社
発売 ―― 共栄書房
〒101-0065　東京都千代田区西神田2-7-6 川合ビル
電話　03-3263-3813
FAX　03-3239-8272
E-mail　kadensha@muf.biglobe.ne.jp
URL　http://www1.biz.biglobe.ne.jp/~kadensha
振替 ―― 00140-6-59661
装幀 ―― 澤井洋紀
印刷・製本 ― 中央精版印刷株式会社

ISBN4-7634-0428-8　C0036